# 株主指向か
# 公益指向か

日本型
コーポレート
ガバナンスを
求めて

青木 高夫

晃洋書房

# は じ め に

　ずい分前の話だが，海外の取引先との交渉中，「それが会社の方針なのだ」と言って相手を説き伏せようとしたことがある。今となれば稚拙な言い分だと思うが，若年，かつ未熟な当時の私にそんなことはわからない。国内の相手を説得する時に用いる常套句が海外でも通じると信じていたのだろう。

　英国人で，それも百戦錬磨の交渉相手は，多少の怒りを表情に漂わせてこう答えた。「その『会社』というのは何だ，私は君がその『会社』だと思って話をしているのだが……」。これには困った。国内の相手には通用した決め球を，いとも簡単に打ち返されてしまったようなものである。

　これは私の失敗談なのだが，私たちはあまり意味を考えずに「会社」という言葉を頻繁に使ってしまう。しかし，「会社」の意味するところは多様であり，時には「上司」のことであったり，時には，武士の常套句を真似てか，「上意である」という意味となって「会社の方針なのだ」との発言になる。前述の私がまさにそれだが，「会社」という言葉を権威の象徴として使ったりもするのである。

　しかし，それにしては，私たちは「会社とは何か」について理解が浅いのではないか。本書を概ね書き上げつつあるこのタイミングで，こんなことを言うのも可笑しな話だが，これが，私が今も抱きつつある想いである。ビジネスパーソンであれば，「会社」「会社」と一日に何度も言うだろう。しかし，「会社」の成立ちや歴史，その制度が孕む矛盾など，自戒も含めて思うのだが，その「会社」の根幹にまで関心を持つ人は少ないように思う。

　話を戻すが，先ほど登場した交渉相手は，皮肉たっぷりにこう続けた。「……日本人が『会社』と言う場合，大概，その意味は『上司』ということだ。もしその通りなら，君ではなく君の『上司』と話したい」。

　私が，いつか「会社とは何か」を語れるような本を書こうと考えるようになったのは，この交渉がきっかけである。その後，海外の会社を買収したり，

会社に関わる制度改訂を政府に要望したり，会社のリスク分析をしたりといった経験までしたのだが，その間も「会社とは何か」について，私なりに考え続けてきた。

「会社を知らずして，会社を語るなかれ」などと言うつもりなど毛頭ない。しかし，本書の骨格を書き上げた今，「会社とは何か」を知ることが，読者諸氏のビジネスパーソンとしての存在に重さを加えるということは自信を持って言えるように思う。

＊　　　　　　　　＊　　　　　　　　＊

私は，本書で，この「会社とは何か」を考えるテーマとしてコーポレートガバナンスを選んだ。より具体的に言うなら「わが国の株式会社に相応しいコーポレートガバナンスとはどのようなものか」ということになる。そう言うと聞こえはよいが，実はこれとて，自主的に選んだテーマではない。何年か前に当時の上司でもあった社長から出た「株主との関係を考えておくように」という宿題，すなわち「会社」の指示が出発点である。「株主との関係」を考え続けたことが，結局，このコーポレートガバナンスへと行き着き，今になって，やっとの思いで，すでに退任された当時の社長の宿題を完成させつつあるという気がしている。

本書に述べる宿題への回答に高い評価を頂けるか否かは，読者諸氏の評価を待つこととしたいが，評価にあたってご承知おき頂きたいことは，私が現役のビジネスパーソンであり，理論の構築にあたって，実行が可能で，常に実践に耐えることを意識した点である。その意味で，仕事上，株主，その中でも特に機関投資家との対話という現場が与えられた私は幸運であったし，その場でコーポレートガバナンスについて議論できたことは，本書の執筆にどれだけ役に立ったかわからない。オフィスで構築した理論を英米の機関投資家にぶつけてみることは，研究の深さや論理の堅牢度を測る上で，絶好の試金石になったと思っている。

本文に「行動は刃物で，理論はその持ち主である」という本田宗一郎の言

葉を引用したが，本書が「会社とは何か」「コーポレートガバナンスとは何か」を考え，行動の基礎となるような理論を構築するきっかけになると信じたい。本書を読まれる方々が，そうした理論を基礎に「会社とは何か」を理解し，株主との対話を進め，自身の働く会社におけるコーポレートガバナンス構築に向けた行動を起こして頂ければ，著者としてこれに勝る喜びはないと思っている。

＊　　　　　　＊　　　　　　＊

　くり返すが，本書のメインテーマは**「わが国の株式会社に相応しいコーポレートガバナンスはどのようなものか」**を考え，具体的な提案を行うことにある。後述するが，本書におけるコーポレートガバナンスとは，株式会社の運営上「権力の集中に誤りのないように，会社を導きコントロールするシステム」を指し，具体的な提案とは，株式会社の構造，特に取締役会の構成についての提案である。

　第1章では，私自身が機関投資家との間に行った対話を基に，メインテーマに対する回答を導き出す道標となる以下の4つのサブテーマを設定した。

1. わが国のコーポレートガバナンスを，海外の機関投資家はどう評価しているか。
2. 「会社は社会の公器である」という考え方を，コーポレートガバナンスの理念とすることが，海外の機関投資家に受け入れられるか。
3. コーポレートガバナンスに関する「伊藤レポート」の指摘をどう理解し，どう対応するか。
4. 「日本再興戦略」が指摘するコーポレートガバナンスのあり方，特に，内部留保の社会還流についてどう理解し，どう対応するか。

　第2章では，メインテーマ，サブテーマに応えるために，まず，海外の機関投資家が信奉するとされる「株主指向」に関し，その歴史的背景や「株主指向」の孕む問題の指摘を行う。

次の第3章では，「株主指向」に対置される考え方として，20世紀初頭に欧米で提案された「ステークホルダー指向」について述べる。「ステークホルダー指向」は，わが国のビジネスマンが「株式会社を社会の公器」とする姿勢に近似しており，したがって「会社は社会の公器である」を，わが国のコーポレートガバナンスの理念と考えることが，海外の機関投資家の理解を得られるものであるとの結論を導く。

　第4章では，わが国の「ステークホルダー指向」について述べる。わが国の「ステークホルダー指向」は，『論語』の「公（おおやけ）」を起点とした「公益指向」の現代版ともいうべきものであるが，ステークホルダーを「公」に繋げるには，株式会社におけるステークホルダーの認知が関わることを説明する。

　第5章，第6章は，第4章で述べた理念の実践に向けた提案である。第5章ではステークホルダーそれぞれの「コミットメント」を会社がどう評価し，創造した付加価値をどのように還元したかを数値化した「ステークホルダー指標」を提案する。数字で評価できる「ステークホルダー指向」の提案であり，自動車，電機メーカーそれぞれの実例を示した。

　第6章では，わが国独自のコーポレートガバナンスの担い手は，機関投資家が役割・責任が曖昧であると指摘した取締役会であるとの提案である。取締役会の役割・責任を明確化し，その構成内容を具体的に提案する。

　終章では，これまでの振り返りと共に，ここまでに述べた「わが国の株式会社に相応しいコーポレートガバナンスはどのようなものか」というメインテーマに対する回答が，第1章の4つのサブテーマに応え得るか否かを検証する。

# 目　　次

# コーポレートガバナンスは
# 一人に制約のない権限を与えない！

　学生の頃，英語のディベートの先生から「課題の定義をせずに議論をしてはいけない」と何度も注意された。どういうことかというと，お互いが「クルマ」に関する話をしているつもりでも，自分は「自動車」，相手は「車輪」について語っていたのではディベートにならないということである。誠にもっともな指摘で，私はその後40年，この先生の教えを忠実に守ってきたつもりである。

　そこで，本書も課題の明確化，すなわち，コーポレートガバナンスを定義することから話を始めることとしたい。

## 　1　「ガバナンス」と「コーポレートガバナンス」

　「あの会社はガバナンスが効いていない」とか「それは，コーポレートガバナンスの問題だろう」など，昨今，「ガバナンス」とか「コーポレートガバナンス」という言葉を聞く機会は間違いなく増えているはずだ。しかし，マスメディアにおける報道も含め，この2つの言葉は混用されることが多い。中でも，「ガバナンス」を「コーポレートガバナンス」の短縮形として，同じ意味で使っているケースをよく聞くが，実際は，単なる「ガバナンス」と「コーポレートガバナンス」ではかなり意味が異なる。

　まず，日常，私たちが「ガバナンス」という場合，それは「権限による統治」ということを意味している。王権による統治とか，将軍の権力による大名の統治，身近な例で言えば，上司が，部下の仕事ぶりや行状を管理するこ

とも「ガバナンス」である。上司の号令一下，部下が一糸乱れず目標達成に邁進する姿を見て「ガバナンスが効いている」と評価する人は多いはずだ。

　一方，「コーポレートガバナンス」という場合，日本語に限っての話であれば，オフィスにおける意味は2つあるだろう。一つは，「ガバナンス」同様に，「長」の付く地位にある人が，その権限によって部下を統治するという意味，もう一つは，特定の人物，特に経営者に権力が集中し，個人による暴走が起こらぬように，周囲の牽制が可能となるようなシステムといった意味合いである。イソップの寓話に「猫の首に鈴をつける」話がある。鼠たちが，猫による犠牲も防ごうと，猫の首に鈴をつけて接近を予知し，仲間の被害を食い止めようとの妙案を思いつくのだが，「誰が鈴をつけるのか」という段になって，全員がハタと困り果ててしまうという話である。

　本書で取り上げるのは，この「猫の首に鈴をつける」システムとしてのコーポレートガバナンスであり，「権限による統治」の話ではない。ただし，鼠たちのように被害が出てから鈴を付けようとするのではなく，まずは，猫のいない環境を模索し，もし万が一，猫が現れたとしても，鈴を付けられるシステム（鼠たちには難題だが）を作っておくことが必須ということになる。

　国際信用銀行（BCCI）事件，マックウェル事件といった経営者の不祥事に鑑みて，コーポレートガバナンス改革の先陣をなす「キャドバリー報告書[1]」を作成した英国のエイドリアン・キャドバリー卿[2]は，コーポレートガバナンスを「会社を導き，コントロールするシステム」（the system by which companies are directed and controlled[3]）と定義した。

　意訳するなら，会社に被害を及ぼすような存在，すなわち，猫が現れぬように会社を導き，仮に，現れてもこれに対処できるよう会社を導き，コントロールできるシステムが，コーポレートガバナンスということになる。

さらに，「会社に被害を及ぼすような存在が現れぬように」することとは，先の「キャドバリー報告書」中にある「最善慣行規範」(Code of Best Practice[4]) が示す「何人といえども，一人の人間が制約のない決定権を持つことがないように確保すること[5]」であろう。それは，言うまでもなく，企業不祥事の主因が，特定の経営者への権力集中であったことによる。ただし，これは難しいところだが，それが有能なリーダーの出現を阻むものであってもならない。

　以上を総合し，本書におけるコーポレートガバナンスの定義を，「権限の集中に誤りのないように，会社を導きコントロールするシステム」としたい。「最善慣行規範」と違い，必ずしも権限の集中を排除する定義としなかったのは，創業時などにおける，有能な経営者の強力なリーダーシップを想定してのことである。

　すなわち，会社にとっての「猫」がなるべく来ないようにしておくこと，もし来てしまった場合にも，被害を最小限に食い止める，すなわち，猫の首に鈴がつけられることの出来るシステムこそが，本書におけるコーポレートガバナンスである。

## 2　「企業統治」と「会社統治」

　本書では，「コーポレートガバナンス」(Corporate Governance) の一般的な訳語とされる「企業統治」という言葉は使用しない。この訳語は誤解を呼ぶ可能性が大きいからである。

　以下の一文をご参考とされたい。

　　新聞や雑誌では，よくこの言葉の後にカッコで"企業統治"という日本語訳がつけられています。この訳語ほど人々の混乱を端的に表すものもないでしょう。「コーポレート (Corporate)」という英語は「会社」を意味するわけですから，コーポレート・ガバナンスという言葉は，本来な

らば「会社統治」とでも訳すべきものです。それを「企業」統治と訳してしまった。これは多くの人が企業と会社を混同していることの証拠です。これまでのコーポレート・ガバナンスの議論をひどく脱線させてしまっているのです。[6]

　企業とは文字通り「業を企（くわだ）てる」ことである。個人事業であれ，大企業であれ，営利を離れた慈善事業であれ，何らかの事業を企画すれば「企業」には違いない。しかし，企業イコール会社ではない。その企業のうち法人格，すなわち，法律で人間と同じような権利や義務を認められたものが会社であり，会社や公益法人といった組織は企業の一部ということになる（よって本書では，「企業」と「会社」を文脈に応じて使い分けている）。したがって，コーポレート（会社の）ガバナンスという言葉が当てはまる必要条件は，会社に限定されることになる。

　さらに言うなら，今日のコーポレートガバナンスが問題にしているのは，法人格を持つ組織の中でも株式会社に関わるシステムである。「企業統治」であれば，権限による統治，すなわち「ガバナンス」で十分に事足りるケースが多いはずである。立派な主人の居る小規模な個人商店であれば，比較的ガバナンスを効かせやすい。しかし，従業員数が数万人，株主数が数十万人といった規模のしかも株式会社ともなれば，ガバナンスを効かせることが容易なはずはない。利害関係者の数が膨大になれば，いかに有能な経営者であっても権限による統治は限界を超える。さらに，そうした権力に目が眩む経営者もあるだろう。すなわち，大きな株式会社であればあるほどコーポレートガバナンスの必要性が増し，コーポレートガバナンスの疾患により被害を受ける関係者の数，損失額も膨大になるということである。

　以上を考慮の上，本書では「企業統治」という言葉は使わずに「コーポレートガバナンス」という原語のまま，話を進めることとした。


注
　1）　英国で1992年に発行されたコーポレートガバナンスに関する報告書。「Comply or

Explain」の原則に基づき最善慣行規範を掲げるというアプローチは，世界各国の先駆けとなった（北川哲雄編『スチュワードシップとコーポレートガバナンス』東洋経済新報社，2015年，p. 30）。

2 ） チョコレートで著名なキャドバリー社の創業家に生まれ，1958年より同社の会長を24年間勤めた後，イングランド銀行や IBM の取締役も歴任した。ケンブリッジ大学在学中はボート選手として活躍，1952年のヘルシンキ・オリンピックでは英国艇のコックスを務めている。

3 ） Cadbury, Adrian, *Corporate Governance and Chairmanship*, Oxford University Press, p. 1.

4 ） 1992年に英国のキャドバリー委員会が，前述の「キャドバリー報告書」の中で提案したコーポレートガバナンスが標榜すべき規範。

5 ） キャドバリー，エイドリアン『トップマネジメントのコーポレートガバナンス』日本コーポレート・ガバナンスフォーラム 英国コーポレート・ガバナンス研究会専門委員会訳，シュプリンガー・フェアラーク東京，2003年，p. 22。

6 ） 岩井克人『会社はだれのものか』平凡社，2005年，pp. 25-26。

# 第1章

## 海外の投資家や日本政府は
## 何を考えているのか？

　「行動は刃物で，理論はその持ち主である¹⁾」とは，私が尊敬する本田宗一郎の言葉である。私もビジネスという行動の現場で，この「刃物」を振るっていたことになるのだが，今になって振り返ると，そこに，この創業者の言う「理論」という持ち主がいたのか否かを不安に思うことがある。そして，本書がメインテーマとしたコーポレートガバナンスについても，慙愧に堪えぬ話だが，この想いに変わりがあるわけではない。

　そこでこの第1章では，そうした懸念の原点を確かめるべく，「行動」の現場から本書のテーマである，「わが国の株式会社に相応しいコーポレートガバナンスとはどのようなものか」という課題を掘り起こすこととしたい。

　現場とは，株主，それも，海外の機関投資家との対話の場ということになるのだが，まずは，この「株主との対話」とは何かから説明していく。

　2015年6月に上場会社に適用されたわが国の「コーポレートガバナンス・コード」は5つの基本原則から構成されている。すなわち，① 株主の権利・平等性の確保，② 株主以外のステークホルダーとの適切な協働，③ 適切な情報開示と透明性の確保，④ 取締役会等の責務，そして，⑤ 株主との対話，である。

　言うまでもなく，5番目の基本原則が「株主との対話」であり，同コードはこれを「上場会社は，その持続的な成長と中長期的な企業価値の向上に資するため，株主総会の場以外においても，株主との間で建設的な対話を行うべきである」と明示している。

　私が，「わが国の株式会社に相応しいコーポレートガバナンス」を考える

上で，課題を立て，それに対する回答を検証する現場となったのが株主，特に，海外の機関投資家との対話の場であった。対話に臨みどんな課題を立てたかというと，次の4つである[2]。

1．現在のコーポレートガバナンスに対する機関投資家の評価
2．「社会の公器」は機関投資家の理解を得られるか
3．「伊藤レポート[3]」をどう理解するか
4．内部留保はどれだけ必要か

前述の通り，私の対話をした相手は，株主といっても，個人株主ではなく海外の機関投資家である。したがって，以降，株主との対話と表記する場合，相手は個人株主ではなく，機関投資家ということになる。

## 1　機関投資家の評価

3つ目の課題に「伊藤レポート」を挙げたが，同レポートには「企業は投資家に対して消費者と同じ姿勢で向き合ってきたか，企業は投資家によって鍛えられてきたか[4]」との記述がある。これはすなわち，「顧客に相対するのと同じ姿勢で株主に対峙してきたか」との問いである。大方の会社は「No」と答えるのではないか。常に，顧客満足度と同等に株主満足度を考えていると断言できる経営者など稀なはずである。

戦後の復興策としてのメインバンク制度，資本自由化が誘発した株式持ち合いの普及。戦後史をふり返れば，わが国の株式会社は，株主の意向をそれほど重んじずに，成長できる状況下にあった。「日本企業は戦後の高度成長期に成長した。基本的にモノが足りない時代だから，いかに『モノを安く，早く，大量に作るか』という単純な戦略で，主取引銀行と社長による統治が機能した。この偶然上手くいった統治形態を『日本企業には一番適している』と思ってしまった[5]」のである。実際，私のビジネス経験から言っても，上司や開発部隊から「お客様が何を求めているのか」という問いかけは何度

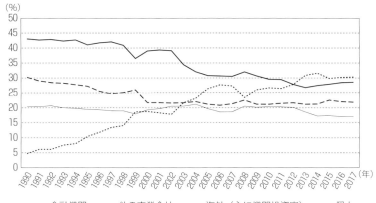

図1-1　株主保有構成の推移

凡例：—— 金融機関　---- 他の事業会社　‥‥‥ 海外（主に機関投資家）　—— 個人

出典：TSE "2017 Shareownership Survey".

も受けたが，「株主の意見を聞いてみよう」とう言葉を聞くことはなかった。

　1991年にわが国のバブル経済が崩壊し，その後「失われた10年，20年」と言われた時代に入ると，不良債権を抱えたメインバンクは，図1-1が示す通り，経営体質を改善する施策の一つとして国内企業の持ち株の売却を始める。特に90年代に入りその株式がどこへ流れたかというと，主に海外の機関投資家である。

　機関投資家を株主として迎えた企業は，彼らと向き合う必要に迫られるのだが，当然，それまでの平穏な対応法では埒が明くはずもない。もちろん，機関投資家が全てアクティビスト[6]というわけではないが，それでも，経営に関し説明責任を求める度合いは，メインバンクや持ち合い株主に比べれば遥かに高いことは言うまでもない。

　前述の「伊藤レポート」は，メインバンクの保有株や持ち合い株が，海外の機関投資家の保有となった状況下で，株主への配慮を迫られた経営者への警鐘であった。そして，機関投資家が注目したのがわが国のコーポレートガバナンスの実状なのである。

　私が「株主との関係を考えておくように」と，上司であった社長から宿題をもらったのは，2012年のことである。ここから「コーポレートガバナン

ス・コード」の提唱する「株主との対話」を重ねるビジネスライフが始まるのだが、機関投資家が一番よく口にした意見は、わが国のコーポレートガバナンスは「経営者個人の自己規律のみに依存しているのではないか」という内容であった。

　彼らの標榜する企業トップのあり方は、前章で述べた英国の「最善慣行規範」中の一文を借りれば「何人も制約のない決定権限を持つべきでない」ということになる。米国でも同様に、経営のトップが取締役会の長を兼ねるのは望ましい形とはされず、一人で両者を兼務するのであれば、取締役会に兼務者の権限を制御できる力が求められる[7]。こうした認識を基に、機関投資家は、わが国のコーポレートガバナンスに、経営者への権限集中を災禍とならぬようにする「チェック・アンド・バランス」のシステムが欠如しているのではないかと指摘するのである。

　確かに、わが国の大企業では、取締役会は存在しても、そのメンバーである取締役はほぼ経営者が兼務し、経営側のヒエラルキーまで取締役会に持ち込まれているため、英国のような取締役会の平等性さえも曖昧である[8]。すなわち、「マネジメント・ボード」なのである。海外の機関投資家が期待する「取締役会による、株主の立場からの経営者の監視・監督」が実践されている、すなわち、「モニタリング・ボード」とはいえぬ状況であり、「代表取締役社長に誰が『No』と言えるのか」と問われれば、答えに窮してしまう。「猫の首に鈴をつける」システムが確立されているとはいえないことが明らかであり、その意味で、機関投資家の指摘は的を射抜いていた。

　あえてこれに抗弁するとすれば、「わが国における経営者とは、ビジネスパーソンとしての階段を昇り詰めた結果としての存在であり、昇進の過程で、自己規律の欠如など、人格に問題のある人間は淘汰されているはずだ」と主張するのが真っ当であろう。人格はともあれ、経営力ならありそうな「経営技術者」をヘッドハントして経営に当たらせる海外とわが国では、この点で大きく事情が異なる。

　それでも、2015年の東芝の不正会計や、翌年の三菱自動車の燃費データ不正など、経営者に対するチェック機能が内部に存在せず、結局は、問題の解

決が外部の指摘や内部の通報，あるいは，経営者による自己規律の発揚に委ねられる実例[9]を目の当たりにしては，わが国のコーポレートガバナンスに，現状のままで，信用を置いて欲しいと言うのは無理があろう。機関投資家が求めるのは，あくまで，企業内に「猫の首に鈴をつける」システムが存在することだからである。

　したがって，海外の機関投資家に対し「わが社は，社長の自己規律によるガバナンスで大丈夫だ」との意見を縷々と述べたところで，その主張が受け入れられることなどまずない。英国のマックスウェル事件，米国のエンロン，ワールドコムの倒産の例を挙げるまでもなく，英米企業では，自己規律を欠いた経営者の事例に事欠かず，彼らが，わが国でも，やはり同類の経営者が出て来るに違いないと信じても無理はないのである。

　仮に，株式会社は株主の所有物であり，会社が生む付加価値は株主に優先して還元されるべきである，とするアングロ・サクソン流のコーポレートガバナンスを是とするならば，わが国の現状では「実質的なコーポレートガバナンスがない」とする彼らの主張に対する論駁には窮するしかない。これは，私が対話の当初に抱いた思いであり，これが「わが国の株式会社に相応しいコーポレートガバナンスとはどのようなものか」とのテーマが生まれた所以ということにもなる。

## 2　コーポレートガバナンスの理念

　対話であれ，交渉であれ，そこに「協創」[10]を生み出す鍵は，双方に建設的な話し合いをするに足る理念があるか否かであろう。アングロ・サクソン流の考えをそのまま受け入れるのを良しとするならともかく，そうでないのであれば，こちらにも相手との「協創」を実現し得るコーポレートガバナンス理念が必須になる。その上でなら，先方に「実質的ではない」と抗議されようと，「われわれの理念に従えば実質的だ」と反論すればよいだけの話なのだ。理念を持たずに対話に臨んでも，その結果は「言い逃れ」であって「共創」にはならない。わが国の「コーポレートガバナンス・コード」は英国に

倣い，Comply or Explain という姿勢での対応を求めており，そのためには自社の理念が必須であろう。理念なしに対応しても，結果は Comply or Excuse になるだけであって，Comply or Explain とはならない。[11]

　では，アングロ・サクソン流の機関投資家の多くが奉じる考え方，すなわち，株式会社は株主の所有物であり，会社が生む付加価値は株主優先で配賦されるべきであるとする，いわゆる，「株主指向」に対抗できる理論・理念がわが国に存在するだろうか。

### (1) 「会社は社会の公器である」

　結論からいえば，私はこのフレーズこそが「株主指向」に対抗し得る，わが国の株式会社に相応しいコーポレートガバナンスの理念であると考えている。「会社は社会の公器である」[12]であることに異を唱えるビジネスパーソンは皆無と言ってよいはずである。企業を「公」に奉仕する存在であると捉える考え方は，江戸時代から明治にかけわが国の事業理念として確実に存在していた。[13]「会社は社会の公器である」とは，そうした理念を現代流に発展させたフレーズであろう。

　ただし，私自身，当初はこの「社会の公器」という考え方を，英米を含む海外の機関投資家に理解させるのは難しいと想像していた。しかし，どうやらそれは誤りであった。否，「誤り」どころか，会社を社会的な存在とするか，株主の所有物と捉えるかは，20世紀初頭より欧米の論壇を分けた二大思潮であり，どちらも総本山は寧ろ欧米にあったのである。当然，ビジネススクールの優等生である機関投資家が，この考え方を知らぬはずはない。

> 巨大会社の「支配者」が，純粋に中立的な技術家主義に発展を遂げて，コミュニティにかかわるさまざまな集団の主張にバランスをとり，私益を基にするのではなく公共の政策に添って所得の流れを各集団に配分していく――そういう選択肢が考えられるし，株式会社制度が生き延びるにはそのことが不可避ではないかと思われるのである。[14]

これは，1932年に出版された『現代株式会社と私有財産』の一節（第Ⅳ編第4章）であり，同書はコーポレートガバナンスを学ぶ人であれば，必ず手にする一冊でもある。著者である米国の法律家，アドルフ・バーリ（1895-1971）と，経済学者であるガーディナー・ミーンズ（1896-1988）は，中世に生まれた「私的所有権」という概念が，巨大化した企業の株主と株式会社の間には，すでに当てはめられなくなったとしている。さらに，巨

アドルフ・バーリ（1895-1971）

大株式会社においては，「私的所有権」にいう「所有者」とは別に「支配者」が存在し，それこそが経営者であるとした。当時の大企業を精査し現実を目の当たりにした著者は，経営者に対し，「私益」ではなく「公益」を重んじる姿勢で，企業を取り巻くコミュニティに利益を配分するという選択肢を示したのである。

　「コミュニティにかかわるさまざまな集団」を，一部の経済・経営学者やビジネスパーソンはステークホルダーと捉え，会社を取り巻くコミュニティに利益を配分するというこの考え方を，「株主指向」に対し「ステークホルダー指向」とした。バーリとミーンズは，巨大化した株式会社にも，株主の「私的所有権」を当てはめ，株主に報いるという「株主指向」で良いのか，否，これからは，会社は「コミュニティにかかわるさまざまな集団」への責任を見据え，より広範に利益を配分するべきではないかと問うているのである。

## (2)　対話における「社会の公器」

　ただし，「ステーホルダー指向」を，株式会社と密接に関わる資本主義の視座から眺めると，その根幹を否定しかねない要素も含んでいる。ある機関投資家との対話をご紹介したい。

　私：　日本のビジネスパーソンの多くは，「会社は社会の公器（social institution)」であると考えている。

相手：どういう風に「公器」なのだ？

私：　顧客や株主だけでなく，社会全体に対して貢献する責任を持つべきだということだ。

相手：では，株式会社は誰のものなのか？

私：　社会全体のものということになるだろう。

相手：君は社会主義者か？

私：　どういう意味だ。

相手：資本主義に「全体のもの」とか「みんなのもの」という考え方はないと思っている。共有物にしても，区分所有とか資本の持分があって，誰がどのくらい所有しているかを厳密に決めるものだ。簡単に言うなら，資本主義では「何かは必ず誰かのもの」なのだ。例外は公共物だが，これだって，出来るだけ少なくしようと考える連中<sup>15)</sup>がいる。

私：　では，聞くが，CSR とか ESG とか，会社に対して社会的責任を問うことがあるが，それはキミたちが「会社は社会の公器である」と考えるからではないのか？

相手：もちろん，会社は社会に貢献する責任を負うている。それは私も認める。しかし，だからといって「会社が社会のものである」と言ってしまったら，それは社会主義になってしまう。株式会社という資本主義の大切な要素について話す以上，たとえ「会社が社会の公器」であったにしても，株式会社の所有者は株主と言うしかない。くり返えすが「何かは必ず誰かのもの」なのだ。これを譲ったら話にならないではないか。

　この対話の相手からは他にも多くのことを学んだが，特に「株式会社の所有者は株主と言うしかない（have to say）」という言い振りに，資本主義の信奉者たる矜持が感じられて小気味良かった。

　私がここでひとまず得た結論は，その実態はどうであれ「株式会社が誰の

ものか」と問われれば，「株主のものである」と答えざるをえないということである。ただし，では「それが，誰に対する責任を持って経営されねばならないか」という問いであれば，私の答えは明らかに「その利害関係者，すなわち，ステークホルダーへの責任である」であり続けている。

　前述の通り，「ステークホルダー指向」，あるいは，「社会の公器」という考え方は海外にも古くから存在しており，そうであれば，「会社は社会の公器である」という考え方に，彼らの理解の及ばぬはずはない。実際，私の英国勤務時の首相，労働党のトニー・ブレア（1953–）が，この「ステークホルダー指向」の旗振り役であった[16]。すなわち，「会社は社会の公器である」は，株式会社がステークホルダーに対する責任を前提に経営されるべきという意味で，機関投資家に主張し得るコーポレートガバナンス理念になり得る要素を備えているのである。

　この点については，第5章，第6章で詳しく説明する。

## 3　「伊藤レポート」をどう理解するか

　昨今の有識者による意見の中で，「伊藤レポート」ほど経営者に「株式会社とは何か」を考える機会を与えたものはないであろう。私自身も「伊藤レポート」に触発されたことは多かった。

　投資家との対話に当たり，私が特に「伊藤レポート」の中で留意した点は，①「自律」から「他律」主体の経営への転換，②営業利益率から資本利益率重視への転換，そして，③株主の平等性を認識し対話により株主との「協創」を図る，という3点である。

　③の対話については，本書を通じて触れていくので，本項では，①，②に関し「伊藤レポート」本文から特に熟考を要した二箇所を挙げ，論を進めていきたい。

## (1) 「自律」から「他律」主体へ

以下，「伊藤レポート」より関連する部分を引用する。

> コーポレート・ガバナンスは「自律」と「他律」のバランスのとれた組み合わせによって成立する。基本は経営活動に精通している経営陣による「自律」である「経営規律」を効かせるべきである。内部出身である代表取締役社長に権限が集中し，内部の取締役が牽制機能を果たせないようでは困る。[17]

前半の「自律と他律のバランス」については後段で考えることとし，ここでは，後半の「権限の集中」について考えてみたい。第三文にある通り「内部出身である代表取締役社長に権限が集中し，内部の取締役が牽制機能を果たせない」という状況では「経営規律」が成り立つはずもなく，したがって，これに「他律」を付加し「自律」とのバランスが取れたコーポレートガバナンスの構築が必要ということが「伊藤レポート」の主張である。これは，海外の機関投資家による，わが国のコーポレートガバナンスに関する意見にも一致している。

わが国の株式会社における代表取締役社長とは，取締役会の筆頭であり，経営側においてもトップであることを意味する。これは「一人の人間が制約のない決定権を持つ」ことにならないだろうか。ここに起因する問題が起きてもその是正が難しいということになれば，コーポレートガバナンスが不在ということになる。

ただし，英米においても，取締役会議長と最高業務執行取締役，あるいはCEO の兼務は例外ではなく，米国の大手企業の76%，英国では約3割が兼務状況にある。[18] しかし，両国には，兼務者が存在しても，その人物に「権限が集中し，他の取締役が牽制機能を果たせないような状況」を防ぐ動きは存在する。英国は「最善慣行規範」により両者の兼務を推奨せず，米国においては，兼務者に対抗できる上席独立取締役（Lead Director）の設置が望まれているのである。

では，わが国はどうであろうか。

　機関投資家は，経営者への権限集中に悪弊がないよう「取締役会による，株主の立場からの経営者の監視」が可能か否かを問うているのだが，取締役社長を奉戴するわが国の株式会社の多くは，この問いへの答えに窮してしまう。すなわち，「伊藤レポート」にいう「内部出身である代表取締役社長に権限が集中し，内部の取締役が牽制機能を果たせないようでは困る」という状態が，わが国の株式会社に多く見られる状況であり，この点に改善の必要があることは認めざるを得ない。

## (2)　営業利益率から資本利益率重視へ

　二つ目は低収益性の問題である。これも関連部分を引用する。

> しかし，一方で，日本企業の長きにわたる低収益性は自己規律によるガバナンスに限界があったことを如実に物語っている。社外取締役などを活用した他律によるガバナンスが必要である所以である。[19]

　この意見は，前段にいう「経営規律」のみに依存した状態，すなわち「自律」のみで，コーポレートガバナンスは不在という状態では，収益性に向上が望めない。したがって，これに「他律」を加えることで収益性を改善する必要があるということになろう。このレポートによれば，ここでいう「他律」とは社外取締役，すなわち「社外」意見の代表者による要請であり，「収益性」とは資本利益率を指す。すなわち，社外の意見を重視しその主張である資本利益率の向上を図ることで，コーポレートガバナンスを機能させることが可能ということである。

　この点は，思考の材料として次の３つのサブ・テーマを提供してくれた。

> ① 日本企業の低収益性は，本当に「自己規律によるガバナンスに限界があった」ことが原因なのか
> ② 他律の「他」は，株主のみでよいのか

③ なぜ，これまで資本利益率が重視されなかったのか

　まず，①についてであるが，「自己規律によるガバナンス」は江戸期には商人のリーダー，明治期にはビジネスの先人によって培養されたわが国のビジネスの根幹をなす理念であり，継承を怠ってはならぬものであると考える。「自己規律のガバナンス」については，本書の第4章で詳しく述べたい。

　②に関してであるが，前述の機関投資家が主張した通り，株式会社は株主の所有に帰するかもしれない。しかし，「会社は社会の公器である」ことを標榜するのであれば，株主以外のステークホルダーの要望も「他律」に加えるべきであろう。この点は，第3章のところで詳しく述べたい。

　③の資本利益率への注目度については，第5章で説明する。「伊藤レポート」が指摘するように，わが国の経営者は営業利益率を重視してきたが，資本利益率への関心度は概して低い。資本利益率軽視は，成長期が生み出しがちな傾向であり，市場の成長が望めず，投資対象の絞り込みが要求される成熟期ともなれば，売上効率にも増して資本効率こそ問われるべきであろう。

　以上の点で，「伊藤レポート」は「わが国の株式会社に相応しいコーポレートガバナンス」を構想する上で多くの課題を提起している。したがって，本書の提案するコーポレートガバナンスは，「伊藤レポート」が与えた課題に応え得るものでなければならない。

## 4　内部留保はどれだけ必要か

　昨今，話題になることの多い内部留保だが，株式会社にとって大きな問題であるにもかかわらず，内部留保へのくり入れを含めた利益処分の決定過程が研究された例は少ない。

　株主や投資家が配当性向を気にするのは当然のことだが，彼らはそれを，賃金や研究開発費の動向と比較したり，内部留保の状況を踏まえつつ，経営者に対し配当性向に関する意見や要望を述べることがある。したがって，内部留保の内訳を理解し，特にキャッシュについては，それがどれだけ必要か

についての目安は必要であろう。

## (1)　日本再興戦略

　安倍晋三首相は2014年6月，日本経団連において次のような主旨の演説を行った。

　　安倍晋三首相は3日，日本経団連の定時総会で演説し，法人税の構造を成長志向型に変えていくと表明した。その上で企業が内部留保を成長に振り向けるため，上場企業向けの企業統治（コーポレートガバナンス）の指針策定を成長戦略に位置付ける考えを示した。[20]

　「内部留保を成長に振り向ける」とは，利益を自社に蓄えるより，給与や賃金，設備投資や研究開発として社外に放出し，企業に経済全体の成長への貢献をしてもらうということである。さらに，この演説で注目すべきは，コーポレートガバナンスの指針に，企業の内部留保を成長のために振り向けることを挙げた点である。

　また，安倍首相の意図を受けて作成された「日本再興戦略2014」にも次のような記述が存在する。

　　日本企業の「稼ぐ力」，すなわち中長期的な収益性・生産性を高め，その果実を国民（家計）に「均てん」させるには何が必要か。まずは，コーポレートガバナンスの強化により，経営者のマインドを改革し，グローバル水準のROEの達成等を一つの目安に，グローバル競争に打ち勝つ攻めの経営判断を後押しする仕組みを強化していくことが重要である。特に，数年ぶりの好決算を実現した企業については，内部留保を貯め込むのではなく，新規の設備投資や，大胆な事業再編，M&Aなどに積極的に活用していくことが期待される。[21]

　戦略の目的は，日本企業の「稼ぐ力」を高め，それによって得た利益を国

民に「均てん」することであり，その実現手段として，「コーポレートガバナンスの強化」が必要であるとする。その結果，経営者の考え方が変化し，グローバルな競争に勝てる経営判断が可能になる。こうした「変化」の目安の一つが ROE の向上ということになろう。

　しかし，ROE とは「株主の稼ぐ力」であり「企業の稼ぐ力」であるとは限らない。[22] 経営者が「株主の稼ぐ力」を主な目安とすれば，経営には株主の意向が強く反映される。「経営判断を後押しする仕組み」とは，株主による圧力のことであろう。すなわち，利益を留保すること以上に，配当を支払い，賃金として従業員に分配し，さらに「新規の設備投資や，大胆な事業再編，M&A などに積極的に活用」することを，株主の圧力によって促すことが，この戦略の狙いということになる。いわゆる「コーポレートガバナンス改革」とは，現政権が経済成長を旗印に，株主を巻き込んで，企業に内部留保の「有効利用」を迫るためのスローガンであるとも言える。

　明治財界のリーダーであった渋沢栄一は「（お金を）よく集めよく散じて社会を活発にし，したがって経済界の進歩を促すのは，有為の人の心掛けるべきこと [23]」であるとした。また，当代の著名な投資家である村上世彰も「資金循環こそが将来のお金を生み出す原動力だと信じている [24]」と主張し，内部留保の「有効活用」に問題ありと思える会社には意見を述べている。
　誤解をされがちであるが，内部留保といってもすべてが現金であるはずもなく，その内実は様々である。渋沢や村上が問題にしているのは，内部留保の内でも「有効活用」されずにいる現金性の資産であり，「日本再興戦略2014」にいう「内部留保を貯め込む」とは，内部留保を「有効活用せず」，現金のままこれを留保しておくことである。すなわち，問題は内部留保が有効に活用されているか，そして，有効に活用されずに留保されている現金性の資産が過剰ではないか，ということになる。
　本書では，この二つの課題について第 5 章で述べたい。

本章では，機関投資家との対話を起点に「わが国の株式会社に相応しいコーポレートガバナンスとはどのようなものか」というテーマを構想するために必要な小課題を4つ立てた。本書に述べるテーマに対する回答は，この小課題を解決できるものでなければならない。

　さて，「彼を知り己を知れば，百戦して危うからず」（孫子）というが，次の第2章，第3章ではまず，海外の機関投資家の主張の背景を知るために，コーポレートガバナンスに関わる2つの代表的理念である「株主指向」と「ステークホルダー指向」について述べることとしたい。

注
1）　「ホンダ社報」No. 77 p. 14。
2）　5番目の課題として「議決権助言会社（プロクシー・アドバイザー）」の影響力が，海外に続きわが国でも大きくなりつつあることが挙げられるが，本論の論旨に外れるため，本書では除外した。
3）　伊藤邦雄一橋大学大学院商学研究科教授（当時）を座長とする「持続的成長への競争力とインセンティブ～企業と投資家の望ましい関係構築～」プロジェクトが2014年8月に作成した報告書。2016年には，「持続的成長に向けた長期投資（ESG・無形資産投資）研究会」により，企業の戦略的投資に焦点を当てた「伊藤レポート2.0」も公表されている。
4）　「伊藤レポート」p. 3。
5）　蛭田史郎旭化成元社長，『日本経済新聞』2017年10月16日付。
6）　投資先の経営，人事などに関しアクティブに意見を述べたり，提言を行う株主。「物言う株主」とも言われる。
7）　SEC（米国商品取引委員会）の「Code of Corporate Governance Recommendation 5.4」に示されている。詳しくは第6章参照。
8）　「会長が，取締役会を運営する方法により，業務執行取締役だろうと社外取締役であろうと，彼らは同じ責任を負っているので，取締役会の構成員全員の平等性を確認することになる」（キャドバリー，エイドリアン『トップマネジメントのコーポレートガバナンス』日本コーポレート・ガバナンスフォーラム英国コーポレート・ガバナンス研究会専門委員会訳，シュプリンガー・フェアラーク東京，2003年，p. 63）とあるように，英国においては，取締役会の構成員の平等性は取締役会運営の基本とされている。
9）　わが国の不祥事は，ほとんどが「会社を食いものにして私利を図ったものではなく，『会社のため』に犯した違法行為である」とされる（ドーア，ロナルド『日本型資本主義と市場主義の衝突：日・独対アングロサクソン』藤井眞人訳，東洋経済新報社，2001年，p. 110）。経営者が私利に走るケースが多い英米の企業不祥事と，わが国のそれと

は趣を異にする。

10)　「伊藤レポート」（p. 5）は企業と株主の対話による「協創」を推奨している。

11)　explain は対応しない理由についての説明であり，excuse は対応しないことについての言い逃れ。

12)　「（本田）宗一郎が喝破したように，日本においては，企業というものは（中略），よりよい社会作りにも貢献する『社会的公器』なのである」（野中郁次郎『本田宗一郎：夢を追い続けたバーバリアン』PHP 研究所［PHP 経営叢書］，2017年，p. 234）など，会社を「社会の公器」という言葉が使われる例は多く見られる。

13)　江戸期の近江商人による「三方よし」の思想，明治の渋沢栄一の「公益指向」など。

14)　バーリ，アドルフ／ミーンズ，ガーディナー『現代株式会社と私有財産』森杲訳，北海道大学出版会，2014年，p. 335。

15)　1980年代に始まる，米国政府などに見られた「小さな政府」スローガンや民営化指向を念頭に置いている。

16)　Lütz, Susanne, Dagmar Eberle and Drorothee Lauter, "Varieties of private self-regulation in European capitalism," *Socio-Economic Review*, 9(2), 2011.

17)　「伊藤レポート」p. 6。

18)　モンクス，ロバート・A・G／ミノウ，ネル『コーポレート・ガバナンス』ビジネス・ブレイン太田昭和訳，生産性出版，1999年，p. 184。

19)　「伊藤レポート」p. 7。

20)　『日本経済新聞』2014年 6 月 4 日付。

21)　「日本再興戦略 改訂2014」p. 4。

22)　本来「企業の稼ぐ力」の指標は，売上高利益率や ROA（総資本利益率）であろう。「伊藤レポート」（p. 38）も ROE 不振の第一因を「低い売上高利益率」としている。

23)　渋沢栄一『論語と算盤』角川書店［角川ソフィア文庫］，2008年，p. 150。

24)　村上世彰『生涯投資家』文藝春秋，2017年，p. 59。村上は経済官僚の時代，前項の「日本再興戦略」の策定に参画していたと考えられるが，同戦略にも，内部留保の放出が強調されており，著書との平仄が合っている。

# 第2章

# 「会社は株主のものである」
## ──「株主指向」の誕生と矛盾──

　第1章の「社会の公器」の部分で，機関投資家との対話の一部を引用したが，その中で，資本主義には「みんなのもの」という発想がなく，「何かは必ず誰かのもの」であるとの主張を紹介した。雑駁な描写には違いないが，これが「株主指向」（Shareholder Orientation）の基礎を成す考え方と言っても間違いないはずである。本章で述べるのは，こうした機関投資家が奉じる「株主指向」の誕生と矛盾である。

　いわゆる「株主指向」とは，株式会社は株主の所有物であり，会社が生む付加価値は株主に優先して還元されるべきであるとすることであろう。「会社を社会の公器」とするわが国のビジネスパーソンの間では，旗色の極めて悪い主張である。「株主指向」をハゲタカファンドのイメージに重ね，いわゆる「もの言う株主」を忌避し，この「株主指向」を仇敵扱いする経営者が多いことも否めまい。こうした経営者に対し「株主指向」の正確な理解なしで，株主との対話をせよと言うのは無理があろう。

　多少古い（1995年）データではあるが，表2-1は「株式会社は誰のために経営されるべきか」との問いに対する欧米とわが国の経営者の回答を示したものである。「株主のため」とする傾向の強い英米に対し，わが国の経営者は，ほとんどがすべての利害関係者のためとしている。独仏の傾向もわが国の状況に近いのだが，特筆すべきは，わが国と英米の対照的な反応であろう。

　「会社は一体誰のものなのか」「経営は誰のためになされるべきか」。英米とわが国では，その答えにかなりの隔たりがあるのだが，こうした状況で建設的な対話を望むなら，まずはお互いの考え方を理解することは必須である。

表 2-1　誰のための経営か

| | すべての利害関係者のため | 株主のため |
|---|---|---|
| 英国 | 29.5% | 70.5% |
| 米国 | 24.4% | 75.6% |
| ドイツ | 82.0% | 17.3% |
| フランス | 78.0% | 22.0% |
| 日本 | 97.1% | 2.9% |

出典：Yoshimori. M（1995）"Whose Company is it？ The Concept of the Corporation in Japan and the West" Long Range Planning.

前述の通り，「株主指向の内容」を正確に理解することが，建設的で「協創」可能な対話の前提である所以である。

## 1　「株主指向」の誕生

　第1章で取り上げた機関投資家の主張をもう一度，引用させて頂きたい。「『会社が社会のものである』と言ってしまったら，それは社会主義になってしまう。株式会社という資本主義の大切なツールについて話す以上，『会社が社会の公器』であっても，株式会社の所有者は株主と言うしかない」。資本主義の根幹を成す考えの一つは「私的所有権」であるとされるが，この発言は，まさに，その「私的所有権」を強く意識した言葉であろう。

### (1)　「私的所有権」
　所有という概念のない状態をカール・マルクスは「原始共産性（primitive communism)」と呼んだが，この状態下における土地は「共有」，あるいは「公有」である。個人の所有という状態が発生するのは，欧州においては中世，すなわち封建制の時代である。ただし，所有者と成り得たのは，君主，貴族といった特権階級であり，一般の個人には所有の機会はなかった。言い換えるなら，物的資産の所有者となることが特権階級となる手段でもあったのである。
　一般の個人が所有する権利，すなわち「私的所有権」を持つようになるの

は，15世紀から16世紀にかけて封建制度が崩壊を始め，支配階級から独立した存在としての「個人」という認識が確立して後のことであった[2]。実際，ジョン・ロック（1632-1704）が現代に近い私的財産（property）の概念をより明確にしたのは17世紀後半のことである[3]。ロックは「私的所有権」を神との繋がりの中で定義したが，この定義はやがて，神の手をはなれ，生産的な労働と恣意的な選択にもとづく「自然権」という形へと姿を変えてゆく。さらに，近世の後期になると，売買の普及の一つの結果として，「私的所有権」が社会的に大きな権限を持つにいたるのである[4]。この「自然権」としての「私的所有権」が今日の資本主義の根幹となっていることは言うまでもない。

前述の機関投資家の主張である「『全体のもの』とか『みんなのもの』という考え方はない」，「何かは必ず誰かのものだ」は，この「私的所有権」という資本主義の根幹を言い当てている。すなわち，株式会社とて，資本主義の下で「私的」に存在している以上，「誰かのもの」でなければならず「みんなのもの」ではない。前述の機関投資家は，「株式会社とて株主の『私的所有権』を延長したものであり，したがって，株式会社も株主（という個人）のものにほかならない」と主張していたことになる。

## (2) 「私的所有権」の延長

個人が生産財を所有し，それを用いて生産した製品を販売した結果として，個人が利益を獲得する。この「事業」は個人による企業を通じての営みであり，「事業」を行った企業も「私的所有権」の対象となる。当初，英国の「コモン・ロー[5]」はそう認識した。所有者が無限責任を持つこともその根底にあったろう。

この認識が，今日の機関投資家の「株主指向」に繋がってくるのだが，17世紀の欧州にはその揺籃期が存在した。この世紀の初頭に，対アジア貿易というハイリスク・ハイリターンなビジネスチャンスが出現，その担い手として，英国，オランダ等に東インド会社が登場する[6]。同社の株主は有限責任を認められることにはなるが，「コモン・ロー」はこの状況には対応せず，従来の「私的所有権」をこの東インド会社の株式にも適用することになる。す

なわち，「私的所有権」は，株主と株式会社の関係に対し法的に延長された
のである。[7]

　前出の『現代株式会社と私的財産』は，「私的所有権」に関し，当時の
「コモン・ロー」が内包した意図は，個人の所有に帰すとされた権利を守る
ということに過ぎず，「この点からすれば，会社は単に，個々人の財産が他
の個々人によって管理される機構のひとつに過ぎない」[8]と述べてはいるが，
「機構」であるにせよ，それが株主の所有に帰すことに変わりはない。

　前出の機関投資家が「株式会社の所有者は常に株主である」と主張する論
拠がここに存在する。

### (3)　「私的所有権」と株式会社

　勅許により特定事業の独占を許され，他社と競争する必要もない東インド
会社を，今日の株式会社に当てはめるのは無理があるが，ここでは，コーポ
レートガバナンスに関わる事象として触れておきたい。

　17世紀後半における東インド会社の株主数は467人，大株主とされる8人
が，今日の資本金の25%以上を出資していた。そして，筆頭株主であったジ
ョサイア・チャイルド（1630?-1699）なる人物が，取締役会の副総裁（後に総
裁）[9]となり同社を「占有」してしまうことになる。キャドバリー報告書にい
う「一人の人間が制約のない決定権を持つ」状況である。

**ジョサイア・チャイルド**
(1630?-1699)

　チャイルドは東インド会社の株主であり「所有者
の一人」ではあるが，「一人の所有者」ではない。
したがって，チャイルドの「私的所有権」を延長し
たところで，東インド会社を「占有」する権利には
ならない。それでも，チャイルドは東インド会社を
実質的に「支配」していたのである。400名を超え
るチャイルド以外の株主の「私的所有権」はどうな
ってしまうのか。「コモン・ロー」が，株式会社の
株主に「私的所有権」を当てはめたことへの矛盾が，
ここに露呈している。

英国の株式会社が17世紀後半にはすでにコーポレートガバナンスに関わる問題を経験していることを，300年以上後に同じ問題に向き合うわれわれは心しておくべきであろう[10]。

　この矛盾は，後に産業革命期を経て，今日と似た形態の巨大株式会社が出現する19世紀になると顕現度合いを増すことになるのだが，次項ではこの課題について述べることとする。

　「株主指向」は，「私的所有権」という資本主義の根幹にあたる概念を基礎としたものである。しかし，これを有限責任の株主にも当てはめてしまうと，どうしても無理が生じてしまう。前述の機関投資家も「株式会社は株主のものである」とは断言しなかった。その背景には，株式会社における次の「所有」と「支配」の分離が彼の念頭にあったはずである。

## 2　「所有」と「支配」の分離

　株主数が数名で，彼らが経営者を兼ねているなら，「私的所有権」を株式会社に適用してもさほど問題はない。会社はほぼ個人の延長であり，会社の財産管理を他の個々人（専任の経営者）に任せているわけでもない。これは図2-1に示すような状況である。株主は会社財産を「所有」し，しかも「支配」している，すなわち「占有」しているということになる。

　ただし，株式会社である限り株主の責任は出資金の範囲に留まり「有限」

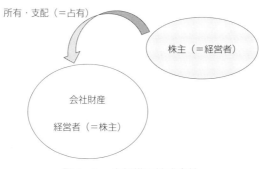

図2-1　小規模な株式会社

である。この状態は，数名規模の会社であれば問題は少ないが，東インド会社のように株主数が増大し，しかも，それぞれが出資額を限度とした責任しか持たないとなると問題が深刻化してくる。そうした会社の経営者は他人の出資金の管理者であり，自身の金銭を守るのと同じ気持ちで他人のそれを見守ることはない。そうなると，怠慢と浪費が支配的となり，（東インド会社のように，ビジネス上の独占権を許されていなければ）事業を成功させることは難しくなる[12]。やがて，19世紀半ばの英国で一般の株式会社の出資者にも有限責任が認められると，「ヒトはみな無限責任であるのに，なぜ，株式会社の出資者（＝株主）に対してだけ有限責任を認めるのか[12]」という倫理上の批判さえ起こり，東インド会社以降，株式会社の成長は非常に限られたものとなった。

　欧米が巨大な株式会社の出現を見るのは，18～19世紀の産業革命を経て後のことである。鉄道や製鉄事業といったニュービジネスには大きな資金，大きな会社が必要であり，そのニーズが前述の株式会社の倫理問題を消去してしまったのである。それほどに，株式会社制度，特に，株主の有限責任というものが，事業資金の調達に適していたということであろう。しかも，所有者たる株主の数は膨大であり，一株主が会社の経営を左右できるはずもない。その関心は経営状況よりも配当や株式の売却益に向いてしまい，その結果，運営を専門の経営者の手に委ねざるを得ないというのが，そうした巨大株式会社の内実であった。

　こうした実状に警鐘を鳴らしたのが，前章でも触れたバーリとミーンズである。彼らは1929年の米国における大企業200社を詳細に調査し，1932年にその結果を『現代株式会社と私有財産』（「The Modern Corporation and Private Property」）として発表した。同書は，全米の大企業の「国家経済に対する影響力の増大」，そして，株主の分散による「所有」と「支配」の分離を指摘したもので，今日も多くの研究者，機関投資家に参照されている。

　バーリとミーンズは「所有」と「支配」の分離について，「富への，認知しうるほどのない支配のない所有権と，認知しうるほどの所有のない支配者

とが，株式会社の発展の論理的な帰結であるかのようである[13]」と喝破し，「私的所有権」を株式会社に延長した矛盾を明確に指摘した。その上で，彼らは「私的所有権」における「所有」が，株式の「所有」と，経営者による「支配」に分離したと論じている。本来，「私的所有権」によって株主が保持すべき権利であった「所有」と「支配」，すなわち，財産の「占有」は，株式会社には当てはまらないと主張したのである。彼らは「いまわれわれが現代株式会社を扱うことが，旧式の私有財産を扱うのと同じでないことは明らかなのである[14]」とまで述べている。

さらに，バーリとミーンズの主張において特筆すべきは，生産材を「積極的財産」（active possession），株式を「消極的財産」（passive property）とし，「生産手段のなかにおける私有財産は消滅する。株式財産のなかにおける私有財産はなお存続している[15]」という形で，「所有」と「支配」の分離を想定した点であろう。以下，少し長くなるが『現代株式会社と私有財産』から引用する。

> アダム・スミスとその追随者にとって，私有財産は占有（possession）との同一性を含意した。彼は所有権と支配を結びつけて考えた。今日，現代株式会社に於いてその同一性は損なわれている。消極的財産—とくに，株式，社債などの証券—，は，その占有者に事業体のなかでの利権を持たせるが，だが実質的にそれにたいする支配は付与せず，また何の責任をも含んでいない。積極的財産—設備，暖簾，組織等々，じっさいの事業体を作りあげているもの—は，ほとんどの場合，それにたいするごくわずかの所有権しか持たない個々人（筆者注：経営者）によって支配される[16]。

すなわち，株主は株式などを通じ，事業体に対する利権を所有するが，事業体の実体は経営者に支配されており，この「所有」と「支配」の分離は「株式会社が現実に株主の利益を第一に運営されるという，確かな見込みはどこにもない[17]」という状況をも現出してしまっているとする。

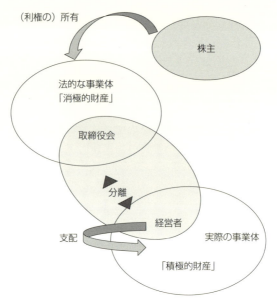

（利権の）所有

株主

法的な事業体
「消極的財産」

取締役会

分離

経営者

支配

実際の事業体

「積極的財産」

図2-2　「所有」と「支配」の分離

　バーリとミーンズの主張の図式化を試みたものが図2-2である。図では「消極的財産」の構成するものを「私的所有権」の延長と考え，これを「法的な事業体」と表記した。株式会社は株主の「所有」する「法的な事業体」に相当する部分と[18]，経営者の「支配」する「実際の事業体」にあたる部分との分離として図式化できる。両者を繋ぐには，取締役が経営者を兼ねるか，経営者が取締役会のメンバーとなることが必要であろう。

　『現代株式会社と私有財産』によれば，「会社は，その支配権も含めてだが，株主のものである」とする考え方は，同書が上梓された20世紀初頭には明らかに矛盾を露呈していることがわかる。それでも，本章の冒頭に挙げたように，英米においては7割以上の経営者が，株式，社債の所有者である「株主のために」経営を行うべきだと考えているのである。

　それはなぜだろうか。

## 3　ストック・オプション制度

　前項では，バーリとミーンズの指摘した「所有」と「支配」の分離は，会社が「ごくわずかの所有権（株式）しか持たない個々人（経営者）によって支配され」ることにより，「株主の利益を第一に運営されるという，確かな見込みはどこにもない」状況を生んだことを述べた。

　『現代株式会社と私有財産』が発行されて後，50年を経た1980年代になって，新たな方策が台頭してくる。それは「所有」と「支配」の分離状態の改善を図るべく，経営者の「主要な関心が，株主と同様，会社の株式価値の増加を図ることになるように，CEO（経営者）も自分の率いる会社のかなりの量の株を持つべきだ[19]」という主張である。

　「所有」と「支配」の分離が「私的所有権」を株式会社制度に延長した矛盾の露呈であるならば，その解消のためには，「私的所有権」を発生時の姿，すなわち，所有者と支配者の一致を再現すればよいことになる。経営者が株式を保有することが，その助力にはなろうが，もちろん，すべての株式を経営者に押しつけるわけにはいかない。実際の再現が不可能ということであれば，次善の策として，所有者と支配者の利害を一致させれば，「所有」と「支配」の分離状況の改善が可能になるはずである。

　ここに，「ストック・オプション制度」なる便法が登場する。

　ストック・オプション制度は，1980年代終盤から1990年代にかけ米国企業に定着，ついには経営者報酬の60％を占めるに至っている[20]。ストック・オプションが報酬の過半数を占めたという点で，この方策は経営者と株主の利害を同調させる状況を生み出しており，金銭の上では，「所有」と「支配」の分離状況に水を差す制度となったということができよう。

　しかしながら，このストック・オプション制度にも落とし穴があった。「支配権」を持った経営者は，不正も含め様々な方法で，短期的に株価を上げようと試みたのである。すなわち，経営者は，株価を「操作」することで

「私益」を増やすことができたし，実際にもそれを行った経営者は少数では
なかった。

　主因は，後に「強欲資本主義」と揶揄された「経営規律」の欠如である。
そうした経営者は，供与されたストック・オプションを高額で現金化しよう
と，短期的な業績改善に走り，企業家としての長期的展望を失ったほか，エ
ンロンやワールドコム事件に見られるような情報の改竄によって，実際に株
価を「操作」したのである。

　さらに，当時，SEC（全米証券取引委員会）が要求した経営者報酬の開示義
務も，本来の目的を超えて経営者間の報酬レースを助長した。結果として，
1990年から2000年までに，米国の上場会社の経営者に支払われた報酬は511
％の増加を見るが，一方で一般の労働者に支払われた報酬の増加は，同期間
で37％にしか過ぎない[21]。また，2010年制定のドッド・フランク法により「ペ
イ・レシオ」，すなわち，経営トップと平均的な従業員の報酬比率，の公表
が2018年に開始されたが，調査会社の調べによると，中央値で65倍，中には
6000倍近い企業さえ存在している[22]。

　表2-2は，表2-1をより具体的にした，わが国における調査結果である。
表が示すように，従業員の声を重視しようとするわが国の経営者には，株主
との利害の一致を図るストック・オプション制度との親和性があるとは考え

表2-2　わが国の CEO はステークホルダーの支持を重視しているか

|  | 支持率 |
| --- | --- |
| 従業員 | 63.20% |
| 取締役 | 18.40% |
| 株主 | 11.50% |
| 主要銀行 | 0.03% |
| 元取締役 | 0.00% |
| その他 | 0.03% |

出典：Yoshimori. M (1995) "Whose Company is it? The Con-
cept of the Corporation in Japan and the West" Long
Rarge Planning.

にくい。むしろ，春闘の結果と連動させる方が現実的であろう。

　実際の機関投資家との対話でも，「経営者に対して，ストック・オプション制度を採用する予定はないのか」と問われたことが何度もあった。その理由は大方，「経営者の報酬は業績に連動すべきである」という内容である。

　その言に従うとしても，この制度を採用する前提として，経営者の「自己規律」が担保されるシステムの存在は必須である。会社を導きコントロールできるコーポレートガバナンスが確立されていない限り，ストック・オプション制度が危険な制度となり得ることが，米国の例からも明らかであるからであろう。

　さらに言うなら，ストック・オプション制度は，あくまで「株主指向」に準じた制度であり，本書で述べる「ステークホルダー指向」の見地に立つなら，この制度は株主偏向ということにもなりかねない。すなわち，経営者の報酬が連動する対象は，株価のみでなく，会社全体のパフォーマンスが反映される指標でなければならぬはずだが，この点については，第5章で詳しく述べたい。

　ストック・オプション制度は，米国の「株主指向」を「振り出しに戻した[23]」だけという意見もある。すなわち，この制度とて「所有」と「支配」の分離という「株主指向」の矛盾の解消にはならなかったのである。

　それでは，株式会社はどのような方向に向かえば良かったのか。

## 4　「ステークホルダー指向」の兆し──バーリとミーンズの描いた姿

　ここで，バーリとミーンズの主張に話を戻そう。

　彼らが「所有」と「支配」の分離に加えて，『現代株式会社と私有財産』で指摘したもう一つのテーマは，「現代株式会社の生起は，近代国家と対等の条件で競うことができるほどの経済的権力の集中をもたらした[24]」こと，すなわち，巨大企業による国家経済に対する影響力の増大であり，さらに，当時の米国の経済状況は，企業のみの繁栄を目指す考え方が許容されぬ経営環境ではなかった。表2-3を参照されたい。

**表2-3 『現代株式会社と私有財産』上梓前後の社会・経済事情**

| | 米国 | | 日本 |
|---|---|---|---|
| 1919 | ヴェルサイユ条約 | 1919 | ヴェルサイユ条約 |
| 1921 | ワシントン軍縮会議 | 1921 | ワシントン軍縮会議 |
| | | 1923 | 関東大震災 |
| 1927 | T型フォード量産1500万台 | 1927 | 昭和金融恐慌始まる |
| 1929 | 金融恐慌始まる | | (「大正デモクラシー」時代の終焉) |
| | (「狂乱の20年代」の終焉) | 1930 | 金輸出自由化(〜31再禁止) |
| **1932** | **『現代株式会社と私有財産』上梓** | 1932 | 5.15事件 |
| 1933 | F. ルーズベルト大統領就任 | | |
| | ニューディール政策実施 | | |
| 1935 | ワグナー法(労働関連)・社会保障法 | | |
| | | 1937 | 日中戦争始まる |
| 1941 | 太平洋戦争始まる | 1941 | 太平洋戦争始まる |

　『現代株式会社と私有財産』が上梓された1932年の米国は,「狂乱の20年代」と呼ばれるバブルの時代を経た後, その破綻が引き起こした金融恐慌の真っ只中にある。金融恐慌は経済思想や政策に大きな変化をもたらすのだが, 著者の一人であるバーリは救済策でもあるニューディール政策の推進者であり, 米国の第32代大統領フランクリン・ルーズベルトの政策顧問でもあった。

　恐慌期下にあって, 成長から縮小へと向かわざるを得ない株式会社の状況を目の当たりにしたバーリとミーンズは, 同著の最終部(第Ⅳ編第4章)において「株式会社の新概念」を提示している。それは,「所有者だけでも支配者だけでもない, もっとはるかに広い集団の権利に道を開いた」経営者が,「現代株式会社というコミュニティ」を「社会全体に奉仕することが求められる位置に就けた[25]」ことによる。この「社会全体に奉仕することが求められる位置」とは, まさに, わが国の「会社は社会の公器である」ことを望む姿勢でもあろう。

　こうして,「株主指向」の矛盾を克服する考え方として, 次の章に述べる「ステークホルダー指向」が登場してくることになる。

　本章では, いわゆる「株主指向」をその誕生の背景から辿ることにより,「私的財産権」を株式会社制度に適用したことに始まる「株主指向」の矛盾

点について述べた。「欧米のビジネスパーソンは，会社は株主のものだと考えている」という主張を耳にすることがあるが，実状が「それほど単純なものではない」ことが理解いただけたはずである。

　対話に出てくる機関投資家であれば，本章に書かれたことはビジネススクールで学んだ上で，自分たちの主張をしている。「株主指向」の矛盾も，バーリとミーンズの提案も，さらには，「株主指向」と「ステークホルダー指向」の歴史的な葛藤も知った上での主張であろう。

　バーリとミーンズは，株式会社が持つ次の選択肢を「株主指向」を離れた考え方，すなわち，「社会全体に奉仕する」という「ステークホルダー指向」に置いている。では，この「ステークホルダー指向」とは如何なる考え方であろうか。

注
1）　「株式会社は誰のものか」という問いではない。
2）　ソースティン・ウェブレンの「現代の私的財産の理論は，ロックもしくは，当面の目的のためにはロックに該当する源泉にさかのぼる」との記述を参考にした（ヴェブレン，ソースティン『企業の理論』小原敬士訳，勁草書房，1996年，p. 59）。
3）　加藤節『ジョン・ロック～神と人間の間～』岩波書店［岩波新書］，2018年，p. 87。
4）　ヴェブレン，ソースティン『企業の理論』小原敬士訳，勁草書房，1996年，pp. 61, 63。
5）　先例，伝統，慣習に基づく裁判により定められてきた法律の意。中世のイングランドで発達した。
6）　英国の東インド会社は，1600年，ロンドンで東インドとの貿易を行う商人の集まりに国王が勅許状を発行（Grant Royal Charter）したことに始まる。勅許状は法人格の授与と事業の独占権付与を意味した。
7）　Letza, Steve, Xiuping Sun and James Kirkbride, "Shareholding Versus Stakeholding: a critical review of corporate governance", 2004.
8）　バーリ，アドルフ／ミーンズ，ガーディナー『現代株式会社と私有財産』森杲訳，北海道大学出版会，2014年，p. 316。
9）　当時の取締役会幹部の構成は総裁（Governor），副総裁（Deputy Governor），及び24人の取締役（Directors）である。取締役会のトップは「総裁」という指揮権限のある存在であり，「議長」ないしは「調停役」的な意味合いを持つ今日の「会長」ではない。
10）　1713年，チャイルドの問題に鑑みて，取締役の代表としての総裁職は会長（Chair-

man）に改められる。権力の偏在を引き起こす問題を学んだ上で，「コーポレートガバナンス」の改善を図ったものであろう。なお，Chairman はわが国では「会長」と訳されるが，本件に見る限り「議長」が適訳である。英国はコーポレートガバナンスに関わる基本的な問題を徳川綱吉の将軍時代（1680-1704）には経験したことになり，この点で，英国に一日の長を認めざるを得ない。なお，英国の東インド会社が実質的にビジネス機能を終焉させるのは，わが国が明治維新を迎える10年前の1858年である。

11) スミス，アダム『国富論（3）』水田洋監訳，杉田忠平訳，岩波書店［岩波文庫］，2001年，pp. 48-49より引用。

12) 奥村宏『会社の哲学～会社を変えるために～』東洋経済新報社，2013年，p. 90。

13) バーリ，アドルフ／ミーンズ，ガーディナー『現代株式会社と私有財産』森杲訳，北海道大学出版会，2014年，p. 66。

14) バーリ，アドルフ／ミーンズ，ガーディナー『現代株式会社と私有財産』森杲訳，北海道大学出版会，2014年，p. 313。

15) バーリ，アドルフ／ミーンズ，ガーディナー『現代株式会社と私有財産』森杲訳，北海道大学出版会，2014年，p. 326。

16) バーリ，アドルフ／ミーンズ，ガーディナー『現代株式会社と私有財産』森杲訳，北海道大学出版会，2014年，pp. 325-26。

17) バーリ，アドルフ／ミーンズ，ガーディナー『現代株式会社と私有財産』森杲訳，北海道大学出版会，2014年，p. 326。

18) 「法的な事業体」の性格に関しては第3章を参照されたい。

19) ミルズ，D・クイン『アメリカ CEO の犯罪』林体幹訳，シュプリンガーフェアラーク東京，2004年，p. 98。

20) ミルズ，D・クイン『アメリカ CEO の犯罪』林体幹訳，シュプリンガーフェアラーク東京，2004年，p. 99。

21) ミルズ，D・クイン『アメリカ CEO の犯罪』林体幹訳，シュプリンガーフェアラーク東京，2004年，pp. 104-105。

22) 『日本経済新聞』2018年5月18日付。

23) ミルズ，D・クイン『アメリカ CEO の犯罪』林体幹訳，シュプリンガーフェアラーク東京，2004年，p. 119。

24) バーリ，アドルフ／ミーンズ，ガーディナー『現代株式会社と私有財産』森杲訳，北海道大学出版会，2014年，p. 335。

25) バーリ，アドルフ／ミーンズ，ガーディナー『現代株式会社と私有財産』森杲訳，北海道大学出版会，2014年，p. 334。

# 第 3 章

# 「大企業には社会への責任がある」
## ──「ステークホルダー指向」の歴史──

　前章でも触れたが，わが国でのコーポレートガバナンスを巡る論議の一つに，海外の考えは株主優先，わが国の考えは公益優先，あるいは，ステークホルダー重視と言った単純な振り分けがあるのではないか。なるほど，海外，特に英米の機関投資家の中には「株主指向」に沿った主張をする相手は多く，わが国の経営者には，公益を重んじる傾向が強い。しかし，それゆえに，海外で生まれたのが「株主指向」で，公益重視はわが国独自の考え方かというと，そんなことはない。公益，あるいは，ステークホルダー全体に配慮する考えの発祥は，『現代株式会社と私有財産』を生んだ米国と考えることも可能であり，その理論化となるとドイツも加わってくる。

　有能な機関投資家であれば，「公益を重んじる資本主義とはどういうものか」を考えたことがあるだろう。彼らの主張はそうした知識を持った上での「株主指向」であり，「株主こそ，数ある中で最も大切なステークホルダーである」と考えた上で，投資先との対話に臨んでいる可能性さえあり得る。わが国では，経営者と従業員との間に「春闘」があり，自治体との間に納税を巡るやり取りがあるように，英米の機関投資家には，株主との間に，配当や株価，会社の方針をめぐる「対話」があって当然と考えているようにも思える。

　本章では，そうした機関投資家が学んだであろう「ステークホルダー指向」(Stakeholder Orientation) について，特に，米国とドイツを例に，その誕生と歴史的変遷について述べる。目的は，歴史の流れの中で「ステークホルダー指向」が海外でどのように理解され今日へと繋がっているのか，そし

て，「ステークホルダー指向」への理解は「会社は社会の公器である」とするわが国の考えにどの程度の親和性持っているか，そうした課題への解を見出すためである。

では，まず，米国からその歴史を辿ることにしよう。

## 1　米国の「ステークホルダー指向」

本項では，再びバーリとミーンズの説を紹介する。

### (1)　『現代株式会社と私有財産』に見る「ステークホルダー指向」

さて，米国において「ステークホルダー指向」に関わる理論が最初に展開されたのは，前章にも述べた通り，『現代資本主義と私有財産』の最終章，第Ⅳ編第4章の「株式会社の新概念」においてである。

この部分でバーリとミーンズは，株式会社の支配者，すなわち，経営者は「現代株式会社というコミュニティ」を「所有者や支配者だけでなく社会全体に奉仕することが求められる位置に就けた」と述べた上で，経営者に「（中略）コミュニティにかかわるさまざまな集団の主張にバランスをとり，私欲を基にするのではなく公共の政策に添って所得を（中略）各集団に配分していく」という選択肢が想定可能であるとした。そして「株式会社制度が生き延びるにはそのことが不可避ではないかと思われる[1]」とする。

『現代株式会社と私有財産』というと，株式会社における「所有と支配の分離」に関する実証分析ばかりが注目されがちだが，同著の最終部分では「ステークホルダー指向」の根幹を突く考え方が，株式会社の将来の姿として提案されているのである。

### (2)　バーリとドッドの論争

いささか細を穿った話になるが，この提案の起爆剤となったのは，著者の一人であるバーリと，ハーバード・ロースクールの教授であったマーリック・ドッド（1888-1951）との論争である。バーリは『現代株式会社と私有財

産』を上梓する前年，1931年に「ハーバード・ロー・レビュー」上に「信託
された権力としての会社権力（"Corporate Powers as Powers in Trust"）」とい
う論文を発表している（この論文はそのまま『現代株式会社と私有財産』の第II編
第7章になっている）。ここでバーリは次のような会社法に関わる理解を提示
している。

　　会社または会社経営陣に対し，或いは，会社内の他の集団に対して委ね
　　られる権力は，それが法令によるか定款によるか，或いは，その両方に
　　よるかを問わず，必然的かつあらゆる時に，全証券所有者の利害が問わ
　　れる際，彼らの持分に応じてのみ，恩恵を与えられるよう行使しうる[2]。

　わかりやすく言うなら「経営者等の権力は，株主に対し応分の利益が与え
られる場合にのみ，行使が可能である」ということであろう。すなわち「経
営者による支配を裏づけるものは，株主の利益である」と理解できる内容で
あり，これを読む限りバーリの主張は「株主指向」に準じたものということ
になる。
　この主張に対し，翌1932年（『現代株式会社と私有財産』が執筆されつつある最
中に）[3]，先のドッドがやはり「ハーバード・ロー・レビュー」上で反論する。
彼はバーリの考えについて「私腹を肥やそうとする経営者から株主を守るた
め」の理解であろうと共感を示しつつも，「株式会社が，株主の利益のため
だけに存在するという見方を必要以上に強調するのは望ましくない」，さら
に「法の最終決定者である世論は，今日，株式会社を経済に組み込まれた組
織，すなわち，利益を上げると同時に，社会にも役する組織と見做す方向に
進みつつあり，実際にも進んでいる[4]」とした。これは「ステークホルダー指
向」に依った見解である。
　バーリは後にフランクリン・ルーズベルトの政策顧問となり，ニューディ
ール政策を推進，さらには国務次官補にまでなる人物だが，年長で会社法の
泰斗でもあるドッドの意見には耳を傾けざるを得なかった。『現代株式会社
と私有財産』の最終部，第IV編第4章で，「伝統理論では，株式会社は，そ

の株主，あるいはもっと広義での証券所有者に『属する』」ことを基本としつつも，「厳格な財産権という，こうした法理と正反対の見解を持つ者が，明らかに大会社の法律担当者やこの分野の研究者の中にいる」と述べている[5]。「正反対の見解を持つ」「この分野の研究者」の中にドッドが含まれていることは間違いない。

　バーリが「ステークホルダー指向」の先駆けをなす提案を行うのは，この記述に続く部分である。彼は，今後の法理，そして，ビジネス社会が選択することの出来る3つの道を示す。

　一つ目は，伝統理論，すなわち，「私的所有権」を巨大会社に対しても厳格に当てはめる考え方。2つ目は，「私的所有権」の原理を修正し，経営者が「会社所得の流れが生む資産のある部分を自分で持ち得ることができるよう取り分ける」のを特権として認めるという理解。そして，3つ目の選択肢が，本項の冒頭にも挙げた「大企業の経営を担う者は，会社のコミュニティにかかわるさまざまな集団の主張をバランスさせ，私益・社益を基にするのではなく，公益を重んじる方針に添って，収益を各集団に配分していく」という選択肢であった[6]。

　これを以てバーリが「変節した」というべきではない。「株主指向」の立場を堅持しつつも，3つ目の選択肢を採る経営者を承認する株主があれば良いからである[7]。しかし，論争から20年を過ぎて後，1954年に上梓された著書『The 20th Century Capitalist Revolution』に至って，彼はドッドの主張の優位性を認める。

　　20年前，筆者（バーリのこと　訳者註）はハーバード・ロー・スクールのマーリック・ドッド教授と論争をしたことがある。私は会社の力の源泉は株主の信託によると考えていたのだが，ドッド教授はこれに反論され，それは会社に関わる全てのコミュニティの信託によると主張された。この論争は（少なくとも当座のところ），ドッド教授の主張にはっきりと軍配をあげる方向に決着したと言える[8]。

バーリ・ドッド論争とも呼ばれる「株主指向」と「ステークホルダー指向」の代理戦争は，少なくとも，論争の上では「ステークホルダー指向」に有利に決着したと言ってよい。ただし，バーリが「当座のところ」としたように，この後，「市場原理主義」が叫ばれ始めた1980年代からは再び「株主指向」が跋扈する状況になったことも申し添えておく。

　ルーズベルト政権において重用され，位人臣を極めたバーリに比べ，ドッドが今日，わが国のビジネス理論の分野で言及されることは少ない。彼は1951年，交通事故により63歳の生涯を終えてしまい，ドッドに軍配を上げたバーリの著書を目にしてもいない。しかしこの両大家の論争が米国における「ステークホルダー指向」の成長を促したことは間違いないであろう。

### (3)　「ステークホルダー指向」の時代

　『現代株式会社と私有財産』が上梓された時代，米国は金融恐慌下であった。バーリも参画したニューディール政策の実施は，同書の上梓の翌年である。同政策は，経済への政府介入を容認し，企業に対しても，公益事業を通じての雇用確保を呼びかけるものであった。バーリが「ステークホルダー指向」を先駆ける提案をした背景には，このような社会情勢や政治状況も理解しておく必要がある。

　その後，世界経済は第二次世界大戦（1939-1945）とその復興期を経た後，いわゆる，経営者資本主義の時代を迎える。株主数はさらに増大したが，「所有」者の分散でさらに「支配」力を増した経営者の中にも，「私益」に走ることなく「公益」を重んじるタイプが少なからず存在した。ジョンソン＆ジョンソン社のロバート・ウッド・ジョンソン（二代目）もその一人である。彼が1943年に起草した同社の「我が信条（Our Credo）」を一部省略の上引用する。

　・我々の第一の責任は，我々の製品およびサービスを使用してくれる医師，看護師，患者，そして母親，父親をはじめとする，すべての顧客に対するものであると確信する（中略）

・我々の第二の責任は全社員——世界中で共に働く男性も女性も——に対するものである（中略）
・我々の第三の責任は，我々が生活し，働いている地域社会，更には全世界の共同社会に対するものである（中略）
・我々の第四の，そして最後の責任は，会社の株主に対するものである（中略）

　この信条は，顧客，従業員，地域社会，株主という順序で展開されているが，株主から「株主を最後にするのはおかしい」というクレームもあった。これに対するジョンソンの答えは，「顧客第一で考え行動し，残りの責任をこの順序通り果たしてゆけば，株主への責任は自ずと果たせるというのが，正しいビジネス論理なのだ[9)]」というものであった。顧客を第一に考え，その他のステークホルダーの利害も考慮するという「ステークホルダー指向」に沿った指針である。
　英国の社会学者であり，わが国の株式会社制度にも詳しいロナルド・ドーア（1925-2018）は，「ステークホルダー指向」が広まった時代について次のように述べている。

　　1960年代の経営者資本主義の黄金時代には，イギリスやアメリカでも，大企業や大銀行のトップの中に，何らかの形で「ステークホルダー企業観」的な意識を持つ経営者が少なからずいた[10)]。

　さらに，当時の経営者が「企業を社会的機構と見なし，従業員，材料・部品のサプライヤー，製品の販売店を含めた企業を取り巻くコミュニティを想定」しており，「こうしたコミュニティを存在させることで，様々なメンバーの利益が調停できると考えていたのである[11)]」との想定を行っている。
　ドーアの言う「ステークホルダー企業観」とは，「私益」に増して「公益」に配慮する姿勢であり，それは，経営者の意識，さらにいうなら，自己規律との関わりを持つものであろう。すなわち『現代株式会社と私有財産』の上

梓に始まり，戦時から戦後の復興期を経て後，60年代の経営者「支配」時代においては，「支配」力を意識した上で，「自己規律」に富んだ企業経営者が少なからず存在し，彼らが「ステークホルダー指向」を牽引していたということになる。

## (4) 「ステークホルダー指向」の衰退

しかし，経済成長が進んだ1970年代になると経営者の「支配」力は後退する。社会が安定に向かうにつれ，強力なリーダシップより，安定を重んじる経営が求められたということであろう。同時に経営者の理念を原動力とした「ステークホルダー指向」が衰退の方向に向かってしまう。

経営者の「支配」力を後退させた別の要因としては，分散していた株主が，年金基金などを運用する機関投資家により再び統合され，経営者の「支配」力に対抗できる力を回復したことがあろう。1970年のペンシルバニア鉄道倒産[12]を一つの契機に，それまでは，経営者の強大な「支配」力を前に，監視・監督を怠ってきた取締役会の形骸化が問われ始めるのだが，こうした状況の是正を図ろうとしたのが，機関投資家を中心とした株主であった。

さらに，「ステークホルダー指向」そのものを後退させたもう一つの要因として「ステークホルダー指向」の具有する内容の曖昧さがあろう。配当性向，ROE など明確な指標を持つ「株主指向」に比べ，「ステークホルダー指向」には数値化された実践指標が存在しない。すなわち「当社はステークホルダーを大切にしています」と宣言したところで，それを実証する術が確立されていないのである。

さらに「ステークホルダー指向」は「株主指向」と違って，その担い手も明確ではない。「株主指向」には，株主という明確な推進母体が存在するのだが，「ステークホルダー指向を推し進めるのは誰か？」と問われた場合はどうであろう。株式会社におけるステークホルダーは，その代表者が定められてはおらず，さらには，株主と従業員，従業員と顧客といったステークホルダー間の利害対立の可能性も孕んでいる。配当か給与かといった利害対立が起きた場合，その調停を経営者がするのか，取締役会がするのか。さらに

は，平常時であっても，どのステークホルダーに重きを置くのか。「ステークホルダー指向」はその担い手が明確ではないのである。

　1960年代，米国における「ステークホルダー指向」の繁栄は，不況という時代を背景とした経営者の「支配」力に依拠したものであった。当然のこととして，時代の変化と，そうした経営者の退場と共に，この時代の「ステークホルダー指向」も衰退していったということになる。ここで留意すべきは，「海外の投資家の考えは株主優先」といった固定観念の誤りであり，「株主指向」か「ステークホルダー指向」かは固定的なものではなく，時代背景にも左右されるということである。

(5)　フリーマンの「ステークホルダーアプローチ」
　バーリとミーンズの時代に「株主指向」「ステークホルダー指向」という明確な表現上の分類があったわけではない。
　本書では，「私的所有権」を株主に当てはめることを是とし，経営者の権力は，「株主に対し応分の利益がある場合にのみ，行使が可能である」とし，「会社を株主の所有と考え，会社の創造した付加価値を株主に最優先で還元する」姿勢を「株主指向」とし，経営者は「会社のコミュニティにかかわるさまざまな集団の主張をバランスさせ，私益・社益を基にするのではなく，公益を重んじる方針に沿って，収益を各集団に配分し」，さらに具体的には「会社の創造した付加価値を，公益を基礎にバランスさせて，ステークホルダーの各要素に還元する」姿勢を「ステークホルダー指向」と呼んできた。
　実際に，「株主指向」「ステークホルダー指向」という言葉が，流布し始めた時期を特定することは難しいが，米国ではそうした2つの対立する考え方が，バーリとミーンズの『現代株式会社と私有財産』が上梓された1930年代には存在していたと考えられる。両指向間の優劣論争は100年に及ばんとしているのである。

　さて，前項で「ステークホルダー指向」の曖昧さに触れたが，この「ステ

ークホルダー指向」を「ステークホルダー・アプローチ」というビジネス戦略として具体化した人物に，米国の哲学者，そして経営学者でもあるエドワード・フリーマン（1951〜）がいる。彼の提案についても簡単に触れておきたい。

　ともすれば「理念倒れ」になりがちな「ステークホルダー指向」をビジネス戦略に落とし込む手法を提供したのが，フリーマンの著書『戦略的経営（Strategic Management）』であり，「ステークホルダー指向」という，いわば掴みどころのない気体を「ステークホルダー・アプローチ」という媒介を用いて固体化しようと試みた著作である。

　「ステークホルダー・アプローチ」の要諦は，株式会社を社会の一機構と見なしたうえで，自社のステークホルダーは誰（何）か，さらには，各ステークホルダーの持つ「ステーク」は何かを見極めた上で，ステークホルダーの意思を，株式会社の成長戦略の糧とすることにある。フリーマンは『戦略的経営（2010年版）』の前書きで次のように述べている。

　　　ステークホルダーを戦略思考の中心に据えることで，考察の中心が，事業を他者との関係で捉える方向に変化してきた。ステークホルダー・マネジメントを行うにおいては，経済，社会，ビジネス，ノン・ビジネスと言った垣根さえ必要としない[13]。

　そして，フリーマンは，ステークホルダーを「会社の目標達成に影響を与える，または，目標達成によって影響を与えられる，人・組織」であると定義している[14]。

　ただし，フリーマンの著書『戦略的経営』は，あくまで，事業戦略中にステークホルダーの意思を取り込むための具体的手法を示した著作であり（この点は第6章で詳しく述べる）本書の主旨であるコーポレートガバナンスをいかに構築するかというテーマで書かれたものではない。その意味では，「ステークホルダー指向」を基礎としたコーポレートガバナンスについての記述が豊富であるとは言えない。

さて，これまでにくり返し述べてきたように「英米の考えは株主優先，わが国の考えは公益優先」といった単純な振り分けは成り立たない。米国にも経営者への「支配」力，つまりは，権力の集中によって支えられていたとはいえ，「ステークホルダー指向」に傾斜した時代があり，これは「米国＝株主指向」という理解が短絡に過ぎることの証左でもあろう。また，この歴史的事実は，英米の機関投資家とて「会社は社会の公器である」という考え方を理解する素養を持っていることにつながるはずである。

　実際，対話の場においても，米国を代表する公的年金機関である「カルパース[15]」などから，環境や雇用への配慮につき厳しい質問を多く頂いた。その中に「社会的責任投資」という言葉が登場したが，公益性を重んじる会社に投資するという姿勢は，まさに「公器」意識の高い投資先を求める姿勢であり，それが彼らの顧客に対するアピールにもなっているはずである。

## 2　ドイツの「ステークホルダー指向」

　次に，ドイツの「ステークホルダー指向」へと話を進めよう。

　ビジネスパーソンが「ウチの会社は大丈夫だろうか」と言う際，一体，どんな内容の「会社」が想定されているのだろうか。「会社」というのは「上司のことである」とか「所属する部署が会社だ」など様々な見方はあろうが，その根底にあるものとして，大方のビジネスパーソンは，会社に何らかの「実体」があると考えているはずである。この場合の「実体」とは，法人である以前に，企業自体がその中で醸成した「想い」とでもいえば良いだろう。企業理念，ビジョン，方針，文化などがこれにあたる。

　「否，『実体』とは『法人格』のことではないのか」という別の考えが浮かびもするが，法律の力を借りなければ，企業が「実体」を持ち得ないということはないだろう。後述するドイツのヴァルター・ラーテナウ（1867-1922）は，この会社の「実体」を成り立たせているものを「企業それ自体」（「Unternehmen an Sich」）と表現したとされる[16]。彼の言う「実体」とは，「独立した生命」を持つ有機体であり，ラーテナウは会社は法律の力を借りずとも存

在するものと考えていた。

　本項ではこのラーテナウの説も含め，ドイツに生まれた諸説に注目しつつ，「法人」と「企業」，または，「企業それ自体」の違いを明らかにし，ドイツにおける「ステークホルダー指向」の誕生へと論を進めていく。

## (1)　「法人」と「企業」

　「法人」と「企業」について考えるために，本項では19世紀のドイツに生まれた３つの概念を取り上げたい。フランス革命を経て市民社会を形成しつつあった欧州においては，個人の自由の阻害要因とされた（法人を含む）団体というものを，社会の中にどう位置づけるかが思考された。その中から生まれた法人概念について，ここでは，革命の地であるフランスではなくドイツに誕生した３つの概念について述べる。[17]

　３つの概念とは，フリードリッヒ・サヴィニー（1779-1861）の「法人擬制説」，オットー・フォン・ギールケ（1841-1921）の「法人有機体説」，ルドルフ・フォン・イェーリング（1818-1892）の「法人否定説」である。

　以下に３説を簡単に説明しよう。

　サヴィニーの「法人擬制説」における法人とは，本来，権利義務の主体とはなり得ない企業を，法律によって自然人であるかのように「擬制」し，一つの権利義務の主体であるとしたものであるとする。すなわち，法の力があってこその法人なのである。サヴィニーの説は，企業に法人という法律の鎧をすっぽりと着せてしまったような感がある。

　これに対し，ギールケの「法人有機体説」とは，企業とは，本来，自然人同様に独自の「想い」を有するものであり，その限りにおいて，企業は権利義務の主体となる法人と見なされるべきであるとする。すなわち，企業は最初から法人という鎧で身を包んでいるべきであるという認識である。企業であるからには独自の理念の存在が必須であり，そうである限り，自ずから有機体である。したがって，法律はこれを追認し制度化（法人化）しておかなければならない。「それが会社の方針なのだ」と言う場合の会社認識は，法

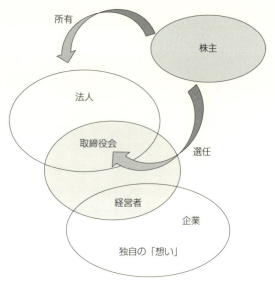

図3-1 「法人」と「企業」

人を有機体と捉えてのものである。

　この二説に言う，「企業」と「法人」の関係を今日の株式会社に当てはめて示したものが図3-1である。「法人としての会社」は対外契約の当事者，会社財産の所有者であり，権利義務の主体となる。また，株主の所有を受けると共に，その運営は株主の選任による取締役会に委ねられる。一方，「企業としての会社」は株主の所有対象から外れており，独自の「想い」を持ち，それは経営者を通して発揚される。ただしその経営者を任命するのは，株主が選任する取締役会であるが，わが国に多く見られるケースのように経営者が取締役を兼ねてしまえば，「法人」と「企業」は同じ人物によって運営されることになる。

　これら2説は，言わば「法人肯定」論であり，法人の存在を前提とし，それを法律に拠るか，企業の理念に拠るかを問うたものだが，三人目のイェーリングの「法人否定説」は，文字通り法人の存在を否定してしまう。その論拠は，所有権は労働を通じてのみ獲得され，その労働は自然人に特有のものとするところにある。[18] それゆえに，自然人以外は所有権を持ち得ず，したが

って，法人が権利義務の主体となることはあり得ないのである。イェーリングの説に従うなら，第2章で述べた，「私的所有権」を株主と株式会社に法的に延長したことは誤りということになる。「会社とは上司のことである」とするビジネスパーソンは，会社独自の意思よりも，目に浮かぶ上司の意向を意識している点で，「法人否定説」的な考え方と言える。

　どの説を是とするかの判定は本書の主旨ではないが，法人の存在を肯定しなければ，本書のロジックは成り立たない。そこで，「法人擬制説」と「法人有機体説」を基礎として論を進めることにするのだが，この2つの論は，株式会社が，法人という権利義務の主体としての法的な存在と，企業という，独自の理念を持った存在に二重化されていることを示している。そして，この理念を持つ部分を「企業それ自体」としたのがラーテナウである。

## (2)　ラーテナウという「マルチ・プレイヤー」

　ラーテナウは，バーリとミーンズ同様に「所有」と「支配」の分離を問題としてはいるが，これは，彼が，企業に株主が干渉することを嫌ったことに起因している。第一次世界大戦後の混乱期に，彼が巨大企業の経営を担った経験から来るものであろう。また，ドイツにおいては，ラーテナウ以前に，前述のような法人概念に関する堅牢な考察があり，その中でも，特にギールケの「法人有機体説」がラーテナウの思考の基礎を成したものと考えられる。

　彼は1867年（わが国の「大政奉還」の年である）ドイツ最大の電気機器メーカーであるAEGの創業家に生まれた。物理学で博士号を得た後，AEGの経営を受け継ぎ業容を拡大，同社を一層の繁栄へと導いている。第一次世界大戦が始まると軍需物資の調達で政府に協力し，戦後は政界に入りヴァイマル（ワイマール）共和国の復興相，外相となったが，1922年，「ユダヤ人や共産主義者に組みし，ドイツ凋落のボディブロウとなった条約の首

ヴァルター・ラーテナウ
(1867-1922)

謀者」[19]との批判の中で暗殺されてしまう。彼自身，国家による迫害対象となったユダヤ人ではあったが，ビジネスパーソンとしても政治家としても，ドイツ国家，ドイツ社会への貢献を第一に考える姿勢は生涯一貫していた。著作も多く，多才な「マルチ・プレイヤー」でもある。

　そのラーテナウの主張の一部が，バーリとミーンズの『現代株式会社と私有財産』に引用されている。「ステークホルダー指向」が提案された第IV編第4章の冒頭を飾るのが，ラーテナウが1917年に上梓した『来るべき日々に』(*Von Kommenden Dingen*) の一節であり，「ステークホールダー指向」への松明でもあった。以下に引用する。

　　永遠の所有者などあるはずもない。所有者として君臨すべき無数の株主たちが絶えず移り変わっているのである（中略）。この状況が意味するのは，個人の所有が個性を喪失してきたことである（中略）。そして，この所有の無個性化は，同時に所有対象の一般化をも意味する。その流れの中で，企業の所有に関わる個人の権利は細分化し，さらに，それが流動的であることにより，企業は，あたかも誰の所有に帰すこともない独立した生命を持つようになったのである。（中略）所有の無個性化，被所有企業の一般化，財産の占有性の弱体化，これらは企業を，その性格に於いて，国家に類似する社会機構へと変質させる状況へと導いていく。[20]

　多数の株主による所有は，所有という行為を個性のないものとしてしまう。そして，それは所有の対象である株式会社も一般化した存在，すなわち，配当や売却益といった利益をもたらすだけの対象へと変える。その結果，株式会社は所有者である株主の手を離れ「あたかも誰の所有に帰すこともない独立した生命を持つように」なっていく。ここで言う「独立した生命 (independent life)」とは，ギールケの「独自の意思」の深化形であり，「企業それ自体」を意味するものであろう。彼の主張に従い株式会社の姿を図示したのが

*58*

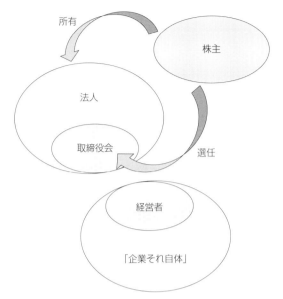

図3-2　ラーテナウの考えに基づく株式会社1

図3-2になる。

　この図では,「独自の意思」が「独立した生命」に深化したことを以て,法人と「企業それ自体」を別の円で表した。以下の引用が示すように,経営者であったラーテナウは短期視点の株主の干渉をできる限り排除し,自身の意思を経営者として発揚しようと試みる。彼の主張をさらに引用しよう。

　　　一般的にいって,継続的投資株主と会社理事者(筆者注:経営者と考えて良い)との間に抗争を生じることは稀であり,両者の利益は原則として常に企業の利益と完全に一致する。これに反して,一時的投機株主は企業自身の利益には無関心であり,しばしば理事者,時には企業自身の決定的は反対者としてあらわれる。[21]

　　　大企業は今日においては,もはやおよそ単なる私法上の形態ではなくして,それはむしろ個々的にもまた全体的にも,国民経済的な全体に所属

する因子であって（中略），しかもそれは以前からの加速度をもって公
の利益に役立ちはじめ，それにより新たな存在の権利を獲得するに至っ
た[22]。

　企業の経営者であり，戦時中は国家の物資調達も統括したラーテナウにす
れば，大企業が担うべき社会，経済における役割を身をもって理解していた
はずである[23]。さらに，その体験の中で，巨大企業といえども国家というシス
テムの中に呑み込まれていることも感じていたであろう[24]。ラーテナウはそう
した経営環境下で，株式会社は「公の利益に役立ちはじめ，それにより新た
な存在の権利を獲得しつつある」と考え，そこに，「独自の生命」を持つ
「企業それ自体」の方向性を見出したのである。
　文中の「国民経済的な全体に所属する因子」を「社会の公器」と理解する
なら，ラーテナウの思想は，わが国の「会社は社会の公器である」という考
えの源泉の一つを成すと考えても，あながち間違いではあるまい。
　巨大企業の出現とその影響力の増大に注目した点で，ラーテナウの理解は
バーリとミーンズのそれに共通する。ラーテナウ自身はその巨大企業の経営
者でもあり，彼はその体験から，株式会社が「無個性化」した多数の株主，
特に，短期的な視点に動かされる「投機株主」からは「独立した生命」を持
つべきであると考えた。これは，バーリとミーンズの「所有」と「支配」の
分離にも繋がるものではあり，自身の利益への関心が強い株主を遠ざけよう
とした意味で，「所有」と「支配」の分離をより体験的に捉えたものであろ
う。
　それでも，ラーテナウ，バーリとミーンズは，株式会社が公共的な性格を
持つべきであるとの展望を示した点で，株式会社の将来について共通な見方
をしている。バーリとミーンズが『現代株式会社と私的財産』において，ラ
ーテナウの主張を引用した理由もそこにあるはずである。彼の意図を踏まえ
て，図3-2をさらに詳細にしたものが図3-3である。
　株式会社の公共性に注目したという点で，ラーテナウをCSR（「企業の社会
的責任」）の先駆者であると捉える見解もある[25]。しかし，ラーテナウの視点に

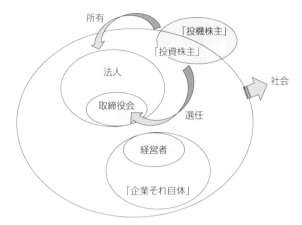

図3-3　ラーテナウの考えに基づく株式会社2

は，第一次世界大戦による荒廃の中から産業国家として再び立ち上がろうとするドイツの状況を背景にした，国家再興のための「企業の社会的責任」というニュアンスがより多く含まれていよう。その意味で，ラーテナウの主張には，むしろ，株式会社を挙げて「国民経済的な全体に所属する因子」となり，「公の利益に役立ちはじめ」ようという意識が強い。すなわち，会社の成長を前提に公の利益に寄与させるのではなく，公の利益に寄与するために会社を存在させるという考えである。くり返すが，その意味で，ラーテナウの説は「株式会社を社会の公器」とする，わが国の「ステークホルダー指向」の先駆けをなすものと考えられる。

　さて，本章では，米国における株主論争を皮切りに，ドイツの企業家・ラーテナウの「ステークホルダー指向」と言える主張に至るまでの展開を述べた。英国の社会学者，ロナルド・ドーアは，19世紀初頭から続いた「株主指向」と「ステークホルダー指向」の優劣論争を，「私有財産観」対「共同体観」，「利潤追求の道具観」対「法人実在観」，「株主の企業」対「ステークホルダー企業」の対立であると述べている。[26]これはまさに本書で述べてきた内容を端的に描写した内容であろう。

　2018年10月，世界最大の機関投資家である米国のブラックロック社の会長，

ラリー・フィンクは日本経済新聞の取材の中で「上場企業は利益の極大化ばかりでなく，従業員や社会の利益の向上という使命も帯びている[27]」，さらには「企業は従業員や顧客，社会に賛同・理解される経営理念を示す必要がある[28]」と語っている。また，英国では，2019年から適用される新しいコーポレートガバナンス・コードの改訂背景に関し，策定主体の英財務協会（FRC）が「世論の関心が従業員取引先を含む他のステークホルダーへの責任に移ってきた」と説明している[29]。そして，2019年8月，米国主要企業の経営者団体であるビジネス・ラウンドテーブルは「株主第一主義」を見直し，従業員や地域社会などの利益を尊重した事業運営に取り組むことを宣言している[30]。時代は再び「ステークホルダー指向」の局面に入ったと言えよう。

　本章では，「株主指向」とは対極に位置する「ステークホルダー指向」について述べたが，「ステークホルダー指向」は海外で生まれ，さらに，その考えは根底において，株式会社を「公益」を重んじ，これに寄与するものとしているのである。この点に着眼するなら，わが国の「会社は社会の公器である」という考え方に，海外の機関投資家が親和性を持たぬはずはない。

　そこで，次の第4章では，わが国独自の「ステークホルダー指向」をどのように考えるかを述べてみたい。

注
1）　バーリ，アドルフ／ミーンズ，ガーディナー『現代株式会社と私有財産』森杲訳，北海道大学出版会，2014年，pp. 334-35。
2）　Dodd, E. Merrick, "Corporate Powers as Powers in Trust", *Harvard Law Review*, 1931。訳文はバーリ，アドルフ／ミーンズ，ガーディナー『現代株式会社と私有財産』森杲訳，北海道大学出版会，2014年，p. 229より引用した。
3）　森杲「訳者あとがき」，バーリ，アドルフ／ミーンズ，ガーディナー『現代株式会社と私有財産』森杲訳，北海道大学出版会，2014年，p. 377。
4）　Dodd, E. Merrick, "For Whom Corporate Managers Trustees", *Harvard Law Review*, 1932, p. 1148。
5）　バーリ，アドルフ／ミーンズ，ガーディナー『現代株式会社と私有財産』森杲訳，北海道大学出版会，2014年，pp. 332-33。
6）　バーリ，アドルフ／ミーンズ，ガーディナー『現代株式会社と私有財産』森杲訳，

北海道大学出版会，2014年，p. 333。

7） 『現代株式会社と私有財産』を翻訳した森杲は同著の訳者解説の中で，著者のバーリが「第Ⅰ～Ⅲ編をほぼそのままにして第Ⅳ編の記述で折り合いをつける，ぎりぎりの補正がなされたのではないか」との推測を行っている（バーリ，アドルフ／ミーンズ，ガーディナー『現代株式会社と私有財産』森杲訳，北海道大学出版会，2014年，p. 377）。

8） Berle, Adolf. A, *The 20th Century Capitalist Revolution*, New York: Harcourt, Brace and Co., 1954, p. 169。

9） WEBに掲載のジョンソン＆ジョンソン社の企業情報より。

10） ドーア，ロナルド『日本型資本主義と市場主義の衝突』藤井眞人訳，東洋経済新報社，2001年，p. 14。

11） Gospel, Howard and Pendleton, Andrew, *Corporate Governance and Labour Management*, Oxford University Press, p. 37。

12） ペンシルバニア鉄道は，当時，米国最大の鉄道会社であったが，その経営者は会社の実状を取締役会に報告せず，取締役会も経営の監視・監督を怠り，突然倒産した。米国証券取引所の報告書には「惰眠をむさぼっていたペンセントラルの取締役会は（中略）第二次世界大戦後，米国の巨大会社にみられた代表的な姿である」と記されている（キャドバリー，エイドリアン『トップマネジメントのコーポレートガバナンス』日本コーポレートガバナンスフォーラム英国コーポレート・ガバナンス研究会専門委員会訳，シュプリンガー・フェアラーク東京，2003年，p. 9）。

13） Freeman, Edward, *Strategic Management : A Stakeholder Approach*, Cambridge University Press, 2010 web, No. 110。

14） Freeman, Edward, *Strategic Management : A Stakeholder Approach*, Cambridge University Press, 1983, p. iv。

15） 「CalPERS」。カリフォルニア州職員退職年金基金。

16） 「会社自体」「会社それ自体」と紹介されることもあるが，ドイツ語の「unternehmen」は英語の「undertake（企てる）」であり，「企業」と訳すのが適切であろう。「unternehmen an sich」の英訳には「autonomous enterprises」「autonomy of undertaking」，すなわち，「自治企業」「企業の自主性」などがある。この「企業自体」という概念は，ラーテナウの「株式会社論」に見える思想を他の人がそう呼んだことに端を発している（大隅健一郎『新版 株式会社法変遷論』有斐閣，1953年，p. 376）。

17） フランスの株式会社思想については，第5章で「サン＝シモン主義」を主題に述べる。

18） イェーリングは「所有権は，労働とたえず結びついていることによってのみ，新鮮なもの，健全なものであり」，「安易な，時には何の労力も要しない営利の野までドってゆくにつれて，それはしだいに濁ってゆき，ついには取引所の投機や詐欺的な株式発行の汚泥の中で本来の姿の痕跡だにとどめないものになってしまう」と主張する（イェーリング，ルドルフ『権利のための闘争』村上淳一訳，岩波書店［岩波文庫］，1982年，

p. 67)。彼は個人の権利を侵害するものに対する闘争を推奨しており，その意味でも法人の存在を認めたくはなかったと考えたい。

19) Kessler, Count Harry, *Walter Rathenau : His Life and Work*, Beston Pr, 2007, web 版，No. 5027。

20) Rathenaw, Walter *In Days to Come* (*Von Kommenden Dingen*), Translated from the German by Eden and Cedar Paul, Alfred A. Knopf (inc.) 1921, p. 120。

21) 大隅健一郎『新版会社法変遷論』有斐閣，1953年，p. 380。

22) 大隅健一郎『新版会社法変遷論』有斐閣，1953年，p. 382。

23) ラーテナウは企業経営で得た知見を活用し，数百に及ぶ軍需物資の調達，供給，生産において目覚ましい業績をあげている (Kessler, Count Harry, *Walter Rathenau : His Life and Work*, Beston Pr, 2007)。特に火薬の成分たる窒素の調達に関しては，彼の手腕なくしては火薬の枯渇が生じ，戦争の遂行が困難であったと考えられる。

24) ラーテナウは，工業の成長による発生する，人間の無個性化や事物の一般化を「機械化」(Mechanisierung) と呼び，その先に社会の理想を見出そうとした。わが国においても「社員は会社の歯車の一枚に過ぎない」と言われた時代があるが，そうした状況もラーテナウのいう「機械化」の一つであろう。

25) Segrestin, Blanche, *When innovation implied corporate reform*, 2016, p. 1。

26) ドーア，ロナルド『日本的資本主義と市場主義の衝突』藤井眞人訳，東洋経済新報社，2001年，p. 35。

27) 『日本経済新聞』2017年12月20日付。

28) 『日本経済新聞』2018年10月21日付。

29) 『日本経済新聞』2018年8月23日付。なお，2018年7月版の英国のコーポレートガバナンス・コードが，(1) 従業員から取締役を選ぶ，(2) 公式な従業員諮問パネルを設ける，(3) 従業員担当の非業務執行取締役を置くことから一つ以上の実施義務を課し，従業員重視の姿勢を打ち出したことは注目に値する。

30) 『日本経済新聞』2019年8月20日付。同紙によれば，利益が尊重されるべき相手は，顧客，従業員，取引先，地域社会，株主の順となっている。

第 **4** 章

# 「会社は社会の公器である」

## ──渋沢栄一と「公益指向」──

福沢諭吉の言に次のようなものがある。

> 西洋人は商売を広くして永遠の大利を得んと欲する者にて，取引を誠実
> にせざれば後日の差支と為りて己が利潤の路を塞ぐの恐れあるが故に，
> 止むを得ずして不正を働かざるのみ。心の中より出たる誠実にあらず。
> 勘定づくの誠なり。言葉を替えていえば，日本人は欲の小なる者にて，
> 西洋人は欲の大なる者なり[1]。

　短期的な利益に偏りがちな日本の商人と，中長期的にビジネスを考える西
洋の商人の評した言葉であるが，特に，西洋人のビジネス倫理を「勘定づく
の誠」としたところが面白い。今日でも，「株主指向」と「ステークホルダ
ー指向」の株式会社の利益率が比べられたりするが，これは「社益」中心の
比較であろう。そこで，本章ではわが国の「ステークホルダー指向」は何を
目的としたものであるかを考えることとし，そこから導き出せる理念を以て
「わが国の株式会社に相応しいコーポレートガバナンス」の基礎としたい。

## 1　代表的なコーポレートガバナンス理念

　以下にわが国における代表的企業のコーポレートガバナンスに関わる指針
を引用するが，それぞれの内容に自明である通り，どれも「ステークホルダ
ー指向」を奉じているといってよい（以下，カッコ内の記述，太字は筆者）。す

なわち，すでに「ステークホルダー指向」はわが国の企業の多くに浸透していると考えられるのである。

　　ソフトバンククグループ（株）は，企業価値の最大化に資するよう，**株主はもちろん，顧客，従業員，取引先など，全てのステークホルダーと良好な関係を築き，適切な協働に努めます**。[2]

　　当社（筆者注：三菱電機グループ）は，指名委員会等設置会社として，経営の機動性，透明性の一層の向上を図るとともに，経営の監督機能を強化し，持続的成長を目指しています。**社会，顧客，株主，従業員をはじめとするステークホルダーの期待により的確に応えうる体制を構築・整備し**，更なる企業価値の向上を図ることを基本方針としています。[3]

　　当社（筆者注：トヨタ自動車）は，持続的な成長と長期安定的な企業価値の向上を経営の重要課題としています。その実現のためには，**株主やお客様をはじめ，取引先，地域社会，従業員等の各ステークホルダーと良好な関係を築く**とともに，お客様に満足していただける商品を提供し続けることを重要と考え，コーポレート・ガバナンスの充実に取り組んでいます。[4]

　　当社（筆者注：三井物産）は，監査役による監査機能の実効性を高める一方，会社業務に通暁した社内取締役を中心とした実態に即した経営が総合商社の業態に必要であると判断し，監査役会設置会社の形態によるコーポレートガバナンスを採用する一方，「透明性と説明責任の向上」，及び「経営の監督と執行の役割分担の明確化」を担保するため，社外取締役・社外監査役の参画を得た各種諮問機関の設置などを通じじて実効性の高いコーポレートガバナンスを実現します。**株主をはじめとするステークホルダーのために有効なコーポレートガバナンスを実現するため**，以下の体制を構築し，維持しています。[5]

当社（筆者注：東芝）は，当社グループの持続的成長と中長期的な企業価値の向上を実現し，もって**株主，投資家をはじめ従業員，顧客，取引先，債権者，地域社会等当社に係る全てのステークホルダー**の利益に資することを，コーポレートガバナンスの基本的な目的としています。<sup>6)</sup>

　同様の理念を公表する企業はここに挙げた大企業にとどまらない。なぜ，このような状況が生まれたかを考えると，これは，『論語』を発端とする「公（おおやけ）」を重視する思想が，「公」＝「ステークホルダー」との理解の下に再表現されているからではないか。すなわち，「会社は社会の公器である」とする「公益」志向が，欧米発の「ステークホルダー指向」に結びついているのである。

　ここからは，まず，前半でわが国において，「公」に配慮する姿勢がどのようにして生まれ，広がっていったかを江戸時代から辿ってみる。さらに，後半においては，「公」と株式会社制度を結び付けた渋沢栄一の「合本思想」を起点に，「ステークホルダー指向」と「公益指向」の違いを探っていくこととする。

## 2　「賤商思想」とは何か

　「賤商思想」という言葉がある。「賤商思想」とは文字通り「商行為を賤しむ考え方」，さらに言えば，体を動かすことなく利益を得ることを戒める考えである。今日であれば，頭脳のみを動かして利を得るホワイトカラーはほぼ全て卑しいということになる。われわれ日本人における「賤商思想」の刷り込みは思いのほか深く，今日でも「お金を目的とした労働は卑しい」，「無償の労働こそ尊い」と考える傾向は強い。株式会社を売買することで利益を得ようとする投資家を「濫用的買収者」とした司法<sup>7)</sup>にも，投資家相手の対話を躊躇するビジネスパーソンにも「賤商思想」の残滓は拭えてはいないのではないか。さらには，「無償の労働こそ尊い」とする気持ちが，サービス残業にもつながっている可能性さえある。

本章では，こうした考え方に異を唱えた人物の代表として，江戸時代の石田梅岩と明治の渋沢栄一を挙げる。両人とも，社会に根付く「賤商思想」や，そこに起因する商業倫理の低下を憂いた人物であり，「公」に対する責任を糧に，特に商人に「自己規律」を強く求めた。渋沢に至っては，企業という「私」と，それを取り巻く多数社会を結びつける考え方として「合本思想」の普及を図った，わが国における株式会社制度の父とも言うべき人物なのである。

　では，まず石田梅岩から話を始めよう。

### (1)　石田梅岩と「賤商思想」

　石田梅岩（1685-1744）は丹波（現在の京都府・兵庫県・大阪府の一部）の人。当時の為政者であった徳川幕府による商行為蔑視の姿勢に対し，「正当な方法で利益を上げる行為は，卑しいものではない」と説き，商行為の正当性を主張した。

　石田の活動期である江戸時代初期から中期にかけ，わが国の経済機構は，米穀から貨幣へとその基盤の移行を始めていた[8]。米穀の生産に余剰が生じるにつれ，その余剰品を取引するために貨幣経済が勃興し始めたのだが，幕府は，むしろこれを抑え，従来の農業本位制の維持を図った。その際，幕府が思想的な背景としたのが「貴穀賤金思想」，すなわち「賤商思想」である[9]。

　この「賤商思想」は『論語』に基づく考えであると誤解されがちだが，『論語』そのものに商行為を否定する内容が含まれているわけではない。『論語』は不正な利益の獲得を諌めているに過ぎず，したがって「貴穀賤金思想」も「賤商思想」も『論語』のような普遍的思想とは言い難いのである。実際のところは，為政者が農業本位制を維持し自身の権力を保全するために，「賤商思想」を経済政策の論拠としたとする方が妥当であろう。

　したがって，石田の主張の根底には商行為の正当性に対する社会的認知があり，さらには，「賤商思想」が生み出す職業倫理を欠いた商人の排除がある。彼は，「自己規律」のないビジネスパーソンの払拭なくしては，実業の成長がないと見ていたのである。

　ここで石田の言を引用する。

このゆへに商人は左の物を右へ取り渡し
ても，直に利を取るなり曲て取るにあら
ず。(中略) 直に利を取るは商人の正直
なり。利を取らざるは商人の道にあらず。[10]

石田梅岩 (1685-1744)
(心学明誠舎蔵)

　「左の物を右へ取り渡しても」は，今日の
流通業を表した言葉であろう。「直 (じか)
に」は，それに続く「曲 (ゆがみ) て」と対
比される言葉で，「素直に」「正しく」といっ
た意味であり，この部分は「商人と屏風は直
ぐには立たず」という諺への反論にもなって
いる。すなわち，石田は，フェアな利潤獲得であるなら，商品を仕入れて売
るという流通行為も正当なビジネスであるというのである。そして，第二文
では，商行為によってフェアな利益を得ることが正しいビジネスであり，む
しろ，利益を取らないことを「商人のやることではない」としている。

　さらに，石田は「実 (まこと) の商人は，先も立，我も立つことを思うな
り」[11] と主張し，相手の利害に配慮し己れのみの利益を追う姿勢を戒めた。ビ
ジネスパーソンに「自己規律」を促し，地域社会，ひいては，「公」に配慮
する姿勢へと踏み出させる言でもあろう。[12]

　江戸期の近江商人に流布したとされる「三方良し」[13]，すなわち，「売り手良
し，買い手良し，世間良し」というフレーズは，今日でもたびたび引用され
るが，この考えも「自分さえ儲かればよい」というビジネスの否定である。
ビジネスの相手，さらには，それに連なる人々への配慮を求める姿勢であり，
「会社は社会の公器である」とする「公益指向」の萌芽をここに読み取るこ
ともできる。

　そして，石田に代表される江戸商人が培った「賤商思想」の払拭，商人の
地位向上という主張が，後に，明治の実業界をリードする渋沢栄一を生み出
す基礎となる。

　ここからは渋沢栄一に登場願おう。

## �__ 3　渋沢栄一と「合本思想」

　渋沢栄一（1840-1931）は武蔵（現在の東京都，埼玉県，及び神奈川県北東部）の人であり，その思想は著書『論語と算盤』を通じて，今日のビジネスパーソンにも広く知られている。

　ここでは，渋沢の株式会社に関する考え方を，3つの課題に分けて述べていく。

・ビジネスパーソン個々の「私益」を抑制するための，『論語』を基礎とした「自己規律」。
・これも『論語』に基づくものだが，株式会社はまず「公益」に配慮すべきであるとした「経営規律」。
・「自己規律」「経営規律」の実践には，多数者の出資による株式会社形態がよいとした「合本思想」。

　まずは，ビジネスパーソン個々の「自己規律」から始めよう。

### (1)　渋沢と「自己規律」

　石田梅岩が憂いた江戸期の「賤商思想」の残滓，すなわち，ビジネスパーソンの倫理観の低劣さは明治維新後にも消えたわけではない。その証左に，当時の欧米人が捉えた日本の商人の印象を当時の領事報告[14]より列挙しよう。特に，欧米人との接触が多かった渋沢にすれば，こうした状況に頭を痛めたのも無理はないはずである。

　当時のオーストリア領事は，日本商人の誠実さを中国人に劣るとし，日本古来の商人の社会的地位の低さに伴う，彼らへの「普遍的な蔑視」は，その「道徳的資質の進化に可能性がないことを意味する」とした。

　特に商業道徳への関心が高い駐日イギリス領事，ジョセフ・ロングフォードは「日本商人の取引相手の一般的な見解によれば，日本商人はあらゆる義

務の履行において絶対的に信頼できない，あるいは，その商取引において最も初歩的な誠実さすらも持たないという芳しくない評判がある」と述べている。

渋沢栄一 (1840-1931)

　この時代の日本旅行記を認めたジョセフ・トーマスの商人評には「誠実さに欠け，狡猾で無節操」というものもあった[15]。

　もっとも，欧米のビジネスパーソンとて，フェアなビジネスばかりしていたとは言えず，わが国のビジネスパーソンの態度は「目には目を」の結果であるとも言えよう。しかし，商工業の成長が国や社会を富ませるに必須と考え始めていた渋沢にすれば，この状況に忸怩たる思いを抱かぬはずはない。ビジネスパーソンにも武士が示したような倫理感の必要性を強く感じていたはずである[16]。

　そこで，渋沢も石田梅岩と同様，まず商行為の肯定からビジネスパーソンの「自己規律」向上を促し始めている。「孔子の言わんと欲する所は，道理をもった富貴でなければ，むしろ貧賤の方がよいが，もし正しい道理を踏んで得たる富貴ならばあえて差支えないこととの意である[17]」。すなわち，『論語』は営利行為そのものを否定してはおらず，道理に適った利潤の追求に問題はないとし，その上で，渋沢はビジネスの意義を次のように説明した。

　　実業というものは，如何に考え宜いものか。もちろん世の中の商売，工業が利殖を図るものに相違ない，もし商工業にして物を増殖する効能がなかったならば，すなわち商工業は無意味になる[18]。

　利潤の追求をしないならビジネスに存在意義はない。すなわち，明確な利益獲得行為の肯定である。武士階級（渋沢は厳密には武士階級の出身ではないが）の発言としては出色であろう。ただし，利潤を追求する姿勢には留意すべきであるとする。

去りながら，その利殖を図るのも，もし悉くおのれさえ利すれば，他は
どうでも宜かろうということをもって，利殖を図って行ったならば，そ
の事物は如何に相なるか，むずかしいことをいうようであるけれども，
もし果たして前陳の如き有様であったならば，かの孟子の言う（中略）
「苟も義を後にして利を先にすることをせば，奪わずんばあかず」とな
るのである[19]。

　この「おのれさえ利すれば，他はどうでも宜かろう」という姿勢で利潤を
追求することを抑制するのが，渋沢の求める「自己規律」である。これなく
しては「奪わずんばあかず」とするビジネスパーソンばかりが増殖してしま
う。孟子の「苟も義を後にして利を先にする」の現代的な解釈は難しいが，
渋沢もその思想に共通性を認めた[20]アダム・スミスの「道徳感情論」の一節に
ある「フェアプレイの侵犯」が現代的な理解として相応しいのではないか。
関連の「道徳感情論」の一節を引用する。

　　富と名誉と出世を目指す競争において，彼はすべての競争者を追い抜く
　　ために。できる限り力走していいし，あらゆる筋肉を緊張させていい。
　　しかし，彼がもし，彼らのうちの誰かを押しのけるか，投げ倒すかする
　　ならば，観察者たちの寛容は完全に終了する。それは，フェアプレイの
　　侵犯であって，観察者たちが許しえないことなのである[21]。

　すなわち，本項に言う「自己規律」とは「私益」に拘泥しない姿勢であり，
ルールを守る態度である。実際のビジネスに当てはめるなら，フェアプレイ
を前提とした競争を行うことになる。
　「伊藤レポート」には，「日本企業の長きにわたる低収益性は自己規律によ
るガバナンスに限界があったことを如実に物語っている」という一文がある。
しかし，「自己規律」に限界はあるにせよ，「フェアプレイの侵犯」をしては
問題があろう。経営者に「自己規律」を求める姿勢は，石田梅岩や渋沢など
の先達が育成した，わが国のビジネスパーソンのプリンシプルなのである。

もちろん，「自己規律」のみに依存したコーポレートガバナンスには問題があろう。しかしながら「自己規律」重視は，江戸期から渋沢の時代，そして今日に至るまで一貫して「私益」を抑制するために，わが国のビジネスパーソンに求められた姿勢であったことも忘れてはなるまい。

## (2)　渋沢と「経営規律」

「伊藤レポート」には次のような主張もある。

> コーポレート・ガバナンスは「自律」と「他律」のバランスのとれた組み合わせによって成立する。基本は経営活動に精通している経営陣による「自律」である「経営規律」を効かせるべきである[22]。

「自己規律」「のみ」に依存したコーポレートガバナンスに問題があることは否めない。したがって，第一文にある，「自律」に「他律」を加えることに（「他律」の主体が誰であるかという点を除くのであれば）問題はない。そして，第二文の「経営陣による自律」とは，会社の利益，すなわち「社益」と，多数社会の利益，すなわち「公益」が一致しているか否かを経営陣が自らに問う姿勢であろう。渋沢は次のように述べている。

> それから余が事業上の見解としては，一個人に利益ある仕事よりも，多数社会を益して行くのでなければならぬと思い，多数社会に利益を与えるには，その事業が堅固に発達して繁盛して行かなくてはならぬということを常に心していた[23]。

すなわち，「社益」より「公益」を優先する一方で，「公益」のためには「社益」が必要であるとするのが渋沢の考えであった。経営において，この考えを堅持する姿勢こそが「経営規律」ではないか。すなわち，「公益」に配慮せず「社益」のみを追う企業に「経営規律」は存在しないのである[24]。

　本書においては，コーポレートガバナンスの定義を「権限の集中に誤りの

ないように，会社を導きコントロールするシステム」とした。ここにいう「権力の集中による誤り」の最たるものが，経営者による「私益」に対する拘泥であり，株式会社が「公益」を忘れ「社益」に走ることである。これは，すなわち，「私益」を抑える「自己規律」と「社益」偏重を防ぐ「経営規律」の喪失であり，2つの「規律」の侵犯を防ぐシステムこそがコーポレートガバナンスということになる。

　そして，渋沢は，「自己規律」と「経営規律」を機能させる考え方として，今日の株式会社制度に繋がる「合本思想」の導入を図ったのである。

### (3)　渋沢と「サン＝シモン主義」

　渋沢は1867年から翌年にかけ，15代将軍，慶喜の弟，徳川昭武の随員として渡仏している。そして，その際にであったものが，サン＝シモン主義を現実化した「合本」による会社，すなわち，今日の株式会社の基となった事業の形態である[25]。

　渋沢渡仏当時のフランスは，「産業皇帝」と呼ばれたルイ・ナポレオン（ナポレオン三世）の治める第二帝政期にあり，時の経済政策はサン＝シモン主義者と呼ばれるグループによって推進されていた。彼らが奉じたサン＝シモン主義とは，アンリ・ド・サン＝シモン（1760-1825）の系譜を引く人々の考え方である。サン＝シモンは，宗教や政治，経済から外交にも及ぶ広範な理念を持つ人物であったが，その思想の一特徴として，彼自身が「産業主義」と呼んだ[26]，産業至上主義的な考えがあった。「産業主義」を要約するなら，当時のフランス国民の大多数を占める「産業者[27]」の成長と組織化により，「純粋な経済的な基礎の上に安定した社会を築こう[28]」とする考え方である。

　さらに，サン＝シモンは，封建時代からの「一般的社会規範を（中略）労働と他者とのコミュニケーションを通じて醸成される『道徳』に刷新しようとした[29]」。この「道徳」とは「諸個人の特殊的利益を増大させることで，社会の一般的利益は増大し，社会の一般的利益を増大させることが，諸個人の特殊的利益の増大につながる[30]」との考えに基づくものであり，そのためにも「産業者」が「公益のためにつくそうとする熱意[31]」を持つことに期待を抱い

ていた。この点，サン＝シモン主義者たちの言動
は，後に「公益」と「私益」「社益」の一致を謳
った渋沢の琴線に触れるものがあったに違いない。

　渋沢は「世の中に金持ちが多くなるのは，すこ
ぶる喜ばしいことで，日本国民全部をして，岩崎，
三井の如き富豪にしたいものだ」と述べたが，こ
れは，サン＝シモンが「世俗的幸福を無視される
べきものとみるどころか，彼はこれを望ましい唯
一の目的」としたことと同様，「私益」の肯定で

アンリ・ド・サン＝シモン
(1760-1825)

ある。渋沢もサン＝シモンも，「産業者」（渋沢の
場合，農民は含まれないが）の健全な成長を希求し
たのである。

　サン＝シモンの周囲には，彼の思想に共鳴するビジネスパーソンや思想家
などが集い，サン＝シモンの死後，「サン＝シモン派閥（サン＝シモン主義
者）」と呼ばれる一大グループを形成するのだが，彼らも世俗的幸福を否定
せず，後の社会主義者のように富裕層の排除へと進むことはなかった。むし
ろ，「社会的調和を確立する唯一の途は，できるだけ最大な欲求を，できる
だけ完全に満足させるために，できるだけ最大の富を生産することである」
と考えたのである。そして，この「最大の富の生産」に最適な手法が，サン
＝シモンの「人々が結合した努力を自然の上に加えるためにみずからを組織
したならば，（中略）人類がいかなる点にまで達しうるかは想像に難くない」
という言葉に象徴される「合本思想」に繋がっていく。


(4)　渋沢と「合本思想」

　渡仏中の渋沢に，サン＝シモン主義の要諦を吹き込んだのは，渋沢の記録
に「フロリヘラルト」として登場するポール・フリューリ・エラール（1836
-1913）である。駐日フランス公使レオン・ロッシュ（1809-1901）の知己であ
ったエラールは，パリの日本総領事であり，当時，幕府とフランスのソシエ
テ・ジェネラル銀行が企図した商社の設立事業に参画していた。このソシエ

テ・ジェネラル銀行はサン゠シモンの弟子たちの設立による銀行であり，エラールもサン゠シモン思想の影響を受けている。そのエラールが渋沢の渡仏時，彼の案内役，教師役を務めていたのである。

　渋沢は，エラールから富国には産業の成長が必須であることを学んだはずである。そのうえで，その実現手法である「合本」思想を知るに及んで，これを万能一徳の妙法と理解したことは想像に難くない。渋沢は後に次のように述べている。

　　一人だけ富んでそれで国は富まぬ。国家が強くはならぬ。殊に今の全体から商工業者の位置が卑しい，力が弱いという事を救いたいと覚悟するならば，どうしても全般に富むことを考えるより外ない。全般に富むという考えは，これは合本法よりない[38]。

　これが渋沢流のサン゠シモン主義の理解であろう。渋沢にすれば，ビジネスパーソンが「一人だけ富んでそれで国は富まぬ」と理解し，その理解を持って「自己規律」を形成すれば，彼らの地位や影響力の向上に繋がると考えたはずである。さらに，社会「全般を富むことを考える」のであれば，「合本」こそ最適な手法であると理解したであろう。すなわち，前述の3つの課題に従って，渋沢の「合本思想」を整理するのであれば，

　　① 経営者が「私益」に抗えるだけの「自己規律」を備えていること。
　　② 企業が「公益」と「社益」の一致を目指した「経営規律」を備えていること。
　　③ そのためには「合本」が最良の制度であること。

ということになる。

　渋沢の著作にサン゠シモンという名前は登場しないが，サン゠シモンの思想から類推するに，彼がその主義を奉ずる人たちの影響を受けたことは否定しがたい。渋沢栄一というと『論語』との結びつきのみが強調されるが，フ

ランスの歴史学者，パトリック・フリデンソンによる「孔子と18世紀の商人であり思想家である石田梅岩への考察とサン＝シモン主義の要素を含めたフランスの思想を融合」[39)]という渋沢思想の解釈は一考に値しよう。

　渋沢は「合本」に消極的な当時の財閥とせめぎ合いつつ[40)]，多くの株式会社の設立に関わることになる。彼にすれば，財閥の自己資本中心主義は「私益」「社益」の発想であり，「公益」を重視する渋沢流の「合本思想」とは対局をなすものであった。わが国における株式会社制度の成長は，明治期にその成長が急務とされた鉄道，紡績，銀行，保険など，多くの資本を要しリスクの高い事業に，株式会社制度が最適であったことが主因であり[41)]，必ずしも渋沢の指導のみによるものではない。しかしながら，株式会社制度の導入にあたり，渋沢が抱く「合本思想」がその拠り所となったことは間違いあるまい。

## 4　「合本思想」は「ステークホルダー指向」なのか

　では，渋沢の「合本思想」は「ステークホルダー指向」と言えるのだろうか。この問いを解く鍵は，株式会社の「公」が，その会社のステークホルダーと一致するのかという疑問を解くことでもある。

### (1)　「公」とステークホルダー

　本来，「公」の意味するところは曖昧で，時代背景によっても，視座によっても変化する。すなわち，いつどの立場から，さらにどの範囲で「公」を考えるかによって，それが国家であったり，会社であったりもするのである。一般的には「公」は英語の「Public」に似て，「自身の立場を離れた社会全体」といった意味を持ち，渋沢の使う「多数社会」もこの範疇となろう。しかし，海外の機関投資家に対して「わが社は公益を第一とする」あるいは，「国家社会に有益であることが当社の存在意義である」と主張したところで，「公」の輪郭が曖昧過ぎて，具体性を欠いた対話になりかねない。

では，一般的な「公」，渋沢の言う「多数社会」を，ステークホルダーと言い換えてしまえばどうなるか。第3章において，ステークホルダーの定義は「企業の目標達成に影響を与える，または，目標達成によって影響を与えられる人・組織」であるとしたが，これを前提にすれば，ステークホルダーの認識に株式会社の意図が入りかねない。すなわち，一般的な株式会社のステークホルダーには，従業員，株主，顧客，地域社会，取引先，債権者といった要素が挙げられるが，現実には会社の経営者が「目標達成に影響を与える，または，目標達成によって影響を与えられる人・組織」と認めなければ，どの要素であれステークホルダーにはなれないということになる。

　したがって，「公」は必ずしもステークホルダーではない。「公」は一般的な概念であり，渋沢の言を借りれば「多数社会」なのである。これに対し，ステークホルダーは，「あなたの会社のステークホルダーは誰か」と問われた場合，会社個々が決めることになるから，結果として恣意的な概念になる。であるなら，渋沢の「公益」を実現するためには，ステークホルダーをできるだけ「公」に近づける必要があるし，誰をステークホルダーと認めるか，あるいは，どのステークホルダーを重要視するかが，その会社の公益性に関わってくるということになろう。

　わが国の株式会社が目指すところは，渋沢の説いた「公益指向」であろう。「会社は社会の公器である」というメッセージも「公益指向」の端的な表現に違いない。すなわち，株式会社がステークホルダーの認識を「公」に近づけることで，「わが国のステークホルダー指向とは公益指向である」ことになる。

　しかし，そう言い切る前に，渋沢が「合本思想」を導入した想いをさらに斟酌しておきたい。なぜならば，「全般に富むという考えは，これは合本法よりない」という主張から汲み取れるのは，渋沢が株主を「公」と見做していたのではないかという懸念であるからである。

　渋沢は株式会社の「重役」[42]の地位について次のように述べている。


　　それは会社経営において，ある朝株主から不信任感を抱かれた場合には，

いつでも会社を去らなければならないからである。なぜなら，重役がその地位を保ち，その職責を尽くしているのは，必ず大勢の株主の希望によるものだからである。もし大勢の信任がなくなった時には，いつでも潔くその職を去るのは当然のことである[43]。

　これを「彼ら（株主）の持分に応じてのみ，恩恵を与えられるよう行使しうる[44]」バーリの説の理解と同様に「株主指向」に沿った発言捉える説もある。しかし，引用した渋沢の言は，株主を「公」の代言者と捉える考えから来ているのではないか。渡仏時より，株式会社制度のメリットのみを知ることの多かった渋沢には，「合本思想」を「公益指向」の実現に最適な制度と理解する意識が強かったのであろう。

　では，今日において株主は，渋沢の言う「公」は，すなわち，「多数社会」の代表者と理解し得るのだろうか。ここで一度，この課題を考えた上で，再び渋沢の考えに戻りたい。

## (2)　株主は「公」であるのか

　株主を「公」であるとする考え方は，米国のインスティチューショナル・シェアホルダー・サービス，ISS の創業者であるロバート・モンクスが述べている。今日，ISS を筆頭とする議決権助言会社の影響力は絶大であり，株主総会における議案の賛否はその助言次第と言っても過言ではない。私も重要議案については総会前に本社のあるボストンまで出向き，議案設定の背景を説明したことがあった（その後，ISS より「当該社より理論的な説明があり，ISS は株主に対しこの議案に賛成することを助言する」との発表に安堵したことがある。海外の投資家の多くが ISS などの助言に従い議案への賛否を判断していたからである）。

　ISS の創業者であるモンクスは「長期の展望を持つ多くの人々の代表である年金機構，投資信託などの機関投資家が，大口の投資家となりつつあるということは，会社の株主への説明責任が，社会全体への責任と同義であるということでもある[45]」と述べている。

モンクスの主張通り，年金や退職金を運用する機関投資家は「公」の要素を持っている。しかし，こうした機関投資家が最優先にする目的は，第一にクライアントである出資者の利益確保であり，彼らが「多数社会」の将来を考えて投資を行っているわけではない。「ESG意識の高い会社をメインに投資している」とする，「公益」重視の機関投資家の姿勢は高く評価されてはいるが，「そのように言った方がお金を集めやすいのだ」と正直に言ってくれた機関投資家があったことも，私が現場で知り得た事実である。

石田梅岩の言に従うなら，株主の投資も「直に利を取るなり曲で取るにあらず」であり，あえて公益性を付加せずとも，それ自体は正当な商行為である。問題になるのは，バーリやミーンズ，そして，ラーテナウがその影響を懸念した「巨大化」，すなわち，株式会社同様に，投資家が巨額の資金を集めその影響力を増大させた場合である。そうなれば，如何なる理念を持つ株式会社も，有力な株主の意向に従わざるを得ず，その結果，巨大投資家の影響が，給与・賃金，雇用などを通じて社会にも及ぶことになる。

モンクスは「大口の投資家となりつつあるということは，会社の株主への説明責任が，社会全体への責任と同義であるということでもある」としたが，「大口の投資家」，すなわち，投資先への影響力の強い投資家は，「株主への説明責任」以上に，株式会社への発言に関して社会的な責任を負うている。その意味で，大手とされる機関投資家であれば，それだけ公益性を意識すべきであろう。

しかし，巨大化した株式会社が社会の様々な面に影響を与え，その「所有者として君臨すべき無数の株主たちが絶えず移り変わっている」ようになった今日，株式のみを「公」と断定するには無理があろう。今日の株主は，基本的には「私益」の追求者であり，そうであるなら，株式会社経営に問われるのは，そうした株主から集めた資金を基に，「企業それ自体」として「経営規律」を維持し，「社益」を確保しつつ「公益」に貢献する事業を行うことである。

したがって，渋沢が株主を「多数社会」を代表する「公」と想定して「合本思想」の導入を図ったのであれば，今日の状況は異なっていると言わざる

を得ない。彼は「ゆえに社を結ぶ人，全国の交易に心を用いんことを要とす[48]」としたが，多数に分散した株主は，出資先の経営に対する関心が低く，会社の公益性よりも，「社益」とそれにつらなる「私益」を求めて株式を保有するであろう。経営に「もの言う」機関投資家であれば，自身・自社の投資利益率という「私益」「社益」が行動のエンジンであり，投資先のROE向上への関心もこれを起点としたものであろう。

　前述の渋沢流「合本思想」の３つの要素である，① 経営者が「私益」に抗えるだけの「自己規律」を備えていること，② 企業が「公益」と「社益」の一致を目指した「経営規律」を備えていること，③ そのためには「合本」が最良の制度であること，の③の「合本」は，今日，渋沢の意図した通りの働きをしているとは限らない。

　もちろん，「合本思想」の生み出した株式会社は巨大化する可能性を秘めている。それと同時に，バーリとミーンズ，さらには，ラーテナウが着眼したように，株式会社が巨大化すれば「多数社会」への影響力を増し，「公益」を意識する必要も増大するはずである。

　問題とすべきは，巨大化した株式会社が「誰をステークホルダーと認知するか」である。株式会社の社会的な影響力の増大を危惧し，また，それを社会の復興に活用しようとする欧米の「ステークホルダー指向」に対し，わが国のそれは「公」という理念を，株式会社制度によって活かすことを起点としている。したがって，渋沢により近代化されたこの「公益指向」を「ステークホルダー指向」につなげる鍵はステークホルダーの認知にあると考えたい。

## 5　コリン・メイヤーの「コミットメント」──渋沢理念の深化

　では，株式会社はステークホルダーをどのように認知すれば，「社会の公器」になり得るのか。ここからは，渋沢の「公益指向」の深化を考えることになるが，そのためには，「ステークホルダーとは株式会社の目標達成に影

響を与える，あるいは，影響を与えられる人，組織である」という定義をより実践的なものとし，さらに，ステークホルダーに対する付加価値の還元を「公益」として具体化しなければならない。サン＝シモン主義の「最大の欲求を満たす」こと，渋沢の「多数社会を益する」ことを，今日のビジネスに見合う具体的な内容に置き換えなければならないのである。

　ステークホルダーへの付加価値還元とは，その要望に無制限に応えることではない。フリーマンの定義に従って，これを具体的に述べるなら「企業の目標達成に対する貢献に応じ，また，目標達成の影響を考慮して，ステークホルダーに付加価値を還元すべきである」ということになろう。この「貢献に応じる」「影響を考慮する」という部分について，英国の経営学者コリン・メイヤー（1958-）が用いた言葉が「コミットメント」である。彼はその著書の中で，ステークホルダーにつき次のように述べている。

　　ステークホルダーとは，株式会社にコミットする者である。そのコミットメントは，株式会社のために働き，そこから原材料を供給し，商品を購入し，その所在地の近隣に居住するなど，何らかの形で株式会社の活動に影響を受けることから生ずる。ステークホルダーとは，契約のみで株式会社との関係を規定されることのない関係者であり，従業員，取引先，顧客，住民，地域社会などがこれに該当し得る。[49]

「契約のみで株式会社との関係を規定されることのない関係者」という部分を原著にしたがって補足すると，「株式会社との連帯性が強いにもかかわらず，契約にはその一部しか反映されていない関係者[50]」となる。
　すなわち，メイヤーがここでいうステークホルダーとは「（会社の倒産などの）リスクが契約で救済されるとは限らない関係者」であり，「契約でリスクが救済されるとは限らない」状況でも，その株式会社に資産（金銭のみではない）を託す行為が「コミットメント」ということになる。それゆえに，メイヤーは「ステークホルダーとは株式会社にコミットする者」とするので

ある。<sup>51)</sup>

　株主であれば，短期視点の「投機家」もいれば，中長期的な利益を考える「投資家」もいる。ラーテナウが指摘した「投機株主」「投資株主」がこれに当たるだろう。従業員でも正規社員と非正規社員では会社に対する「コミットメント」に違いがあるかも知れない。取引先においても，ボルトやナットといった一般的な部品の購入先と，自社に特殊な部品を共同開発するパートナーでは情報の共有量に違いがあることは避けられまい。地域社会，さらには国家にしても，法律や制度，税制などで企業の目標達成に与える影響度合いは異なってこよう。したがって，ステークホルダーといっても，「コミットメント」のレベルには差異が存在するはずである。

　契約関係が成立している，法律や基準が存在するという状況であれば，相手に対する対価の決定には問題がない。考えるべきは，いかに相手の「コミットメント」を評価し相手を「益する」かである。さらに，ステークホルダー毎の「コミットメント」を比較することも不可欠である。給与・賃金は契約で規定することが可能だが，その基礎となる労使交渉は従業員の「コミットメント」の評価である。人件費や配当に付加価値をどう振り分けるかは，どのステークホルダーの「コミットメント」を重要視するかという株式会社の基本理念に関わる課題ということになる。

　すなわち，渋沢の「多数社会を益する」を今日のビジネスに合わせて翻訳するなら，「ステークホルダーを『公』に近づけるべく認知し，ステークホルダー個々の『コミットメント』に応じた付加価値の配分を行う」ということになる。


　ここで，本章の内容を整理しておこう。

　本書におけるコーポレートガバナンスとは「権限の集中に誤りのないように，会社を導きコントロールするシステム」のことであった。そして，「権限の集中による誤り」とは，権限を持った人物の「自己規律」，そして経営陣の「経営規律」の喪失であり，「経営規律」の喪失とは，「公益」に配慮せず「社益」のみを追うことである。そして，「公益」への配慮は，会社個々

のステークホルダー認知に深く関わり，付加価値の配分は，ステークホルダー個々の「コミットメント」に応じたものとすべき，ということになる。

　米国やドイツで巨大企業の社会への影響が懸念され，そこから「ステークホルダー指向」が誕生したように，強力な機関投資家が「おのれさえ利すれば，他はどうでも宜しかろう」という姿勢で資金運用を行えば，株主会社は「公益指向」を棄てざるを得ず，「株主指向」に沿った経営を強いられることになる。投資家に公益性が求められるのも，株式会社同様，彼らの「巨大化」によるものと言って良い。

　米国における「ステークホルダー指向」は，「占有」が「所有」と「支配」に分離した巨大企業の進むべき選択肢として，『現代株式会社と私有財産』の中に登場した。ドイツにおいては，巨大株式会社が，その影響力ゆえに，社会の一機構として社会的責任を持つべき認識を醸成し，そこからドイツ流の「ステークホルダー指向」が登場している。

　これに対し，わが国の「ステークホルダー指向」にあたる考え方は，『論語』を基点とする「公益指向」として継承されたものであり，米独と異なり，株式会社制度が巨大化する以前，それが導入される時点での商業倫理というべきものから進化している。今日，この「公益指向」を，より実践的な「ステークホルダー指向」へ置き換えるには，株式会社によるステークホルダーの認識と，（これは米独にも共通することだが）付加価値の還元手法が課題となるはずである。

　そこで，次章からは，ここまでのような理念の解説を終え，理念の実践化提案に入りたい。次の第5章では，「ステークホルダー指向」を実践するためのツール，「ステークホルダー指標」に関する提案を行う。

　注
　1）　宮本又郎編著『渋沢栄一：日本近代の扉を開いた財界リーダー』PHP研究所［PHP
　　　経営叢書］，2016年，p. 309。
　2）　同社の「コーポレートガバナンスの基本的な考え方」（2019年6月29日更新のコーポ
　　　レートガバナンス報告書に基づく）のうち，「株主以外のステークホルダーとの適切な

協働（基本原則２）」より抜粋。

3） 同社のコーポレートガバナンス報告書（2019年７月11日更新）より，「コーポレートガバナンスの基本的な考え方および資本構成，企業属性そのほか他の基本情報」の「基本的な考え方」より抜粋。

4） 同社のコーポレートガバナンス報告書（2019年６月21日更新）より，「コーポレートガバナンスの基本的な考え方および資本構成，企業属性そのほか他の基本情報」の「基本的な考え方」より抜粋。

5） 同社のコーポレートガバナンス報告書（2018年12月19日更新）より，「コーポレートガバナンスの基本的な考え方および資本構成，企業属性そのほか他の基本情報」の「基本的な考え方」より抜粋。

6） 同社のコーポレートガバナンス報告書（2019年７月10日更新）より，「コーポレートガバナンスの基本的な考え方および資本構成，企業属性そのほか他の基本情報」の「基本的な考え方」より抜粋。

7） 「ブルドッグソース事件」（2007）における東京高裁の指摘を念頭に置いた。

8） 江戸時代の経済システムの特徴の一つは，米本位経済と貨幣経済が同時に成り立っていた点であり，時代を経るに従い，両者の比重は貨幣経済へとシフトしていく。商業資本の成長の前に，武士と町人の力関係に逆転が生じたことになる（鈴木浩三『江戸商人の経営戦略』日本経済出版社，2013年，p. 65）。

9） 渋沢栄一によれば「日本でもそれ（筆者注：江戸時代）以前は儒教に依って，経済と道徳とが密であったが，徳川時代になってから宋学の学説である朱子学が伝わり，それが盛んとなって，かの林羅山などという学者が幕府に重く用いられたため，農工商のごとき利殖を行うことを非常に卑しんで，道を説くことを尊び，その間に非常な貴賎の別があるように考えられて，遂に明治を迎えたのである」とされる（渋沢栄一「経済と道徳の合一」『竜門雑誌』1924年１月号）。渋沢は同時に「しかるに何故商人にのみ，特に道徳が必要なるかごとく見做されたか。これは遺憾ながら，商工業者自らが悪かったからである」として，ビジネスパーソンの側にも反省を求めている（渋沢栄一『渋沢百訓』角川書店［角川ソフィア文庫］，2010年，p. 114）。

10） 石田梅岩『都鄙問答』岩波書店，2016年，p. 60。

11） 石田梅岩『都鄙問答』岩波書店，2016年，p. 65。

12） 石田梅岩のビジネスに関する倫理観は，米国の社会学者ロバート・ベラーによって，カルヴァン主義の商業倫理に対比されている（Bellah, Robert N., *Imaging Japan*, University of California Press, 2003, p. 27）。カルヴァン主義の倫理観とは，マックス・ウェーバーが『プロテスタンティズムの倫理と資本主義の精神』で述べた，「産業経営的資本主義が成立するために不可欠な前提条件」としての，「自己の貪欲をある程度まで抑制することができる」ビジネスパーソンの精神のことであり（ウェーバー，マックス『プロテスタンティズムの倫理と資本主義の精神』大塚久雄訳・解説，岩波書店，1989年，p. 390），これに近い石田の思想に海外の評価者を見出す結果となっている。

13) 「三方良し」という言葉は後世の造語である。この，売り手，買い手，さらには，社会にまで配慮する考え方は，近江の麻布商人であった中村治兵衛が，1754年に認めた手紙の一節「たとえ他国に商に参り候て，この商内物，この国の一切の人々皆々心よく着もうされようにと，自分の事に思わず，皆人よきようにと思い（後略）」が基になったとされる（末永國紀『近江商人学入門改訂版：CSRの源流』サンライズ出版，2017年，p. 17）。

14) 橘川武郎／フリデンソン，パトリック『グローバル資本主義の中の渋沢栄一：合本キャピタリズムとモラル』東洋経済新報社，2014年，p. 127。

15) 橘川武郎／フリデンソン，パトリック『グローバル資本主義の中の渋沢栄一：合本キャピタリズムとモラル』東洋経済新報社，2014年，pp. 127-28。

16) 渋沢栄一『渋沢百訓』角川書店［角川ソフィア文庫］，2010年，p. 125。

17) 渋沢栄一『論語と算盤』角川書店［角川ソフィア文庫］，2008年，p. 131。

18) 渋沢栄一『論語と算盤』角川書店［角川ソフィア文庫］，2008年，p. 124。

19) 渋沢栄一『論語と算盤』角川書店［角川ソフィア文庫］，2008年，p. 124。

20) 1923年6月30日，「東京経済学協会」が主催した「アダム・スミス生誕200年記念会」において，渋沢は「私の愉快に思いますのはアダム・スミスの学説が私の信条たる道徳に一致することであります」との演説を行っている（見城悌治『評伝 日本の経済思想 渋沢栄一：道徳と経済のあいだ』日本経済評論社，2008年，p. 67）。

21) 堂目卓生『アダム・スミス：道徳感情論と国富論の世界』中央公論新社［中公新書］，2018年，p. 99。

22) 「伊藤レポート」p. 6。

23) 渋沢栄一『論語と算盤』角川書店［角川ソフィア文庫］，2008年，p. 240。

24) 英国におけるコーポレートガバナンスの指針（「ケイ・レビュー」）を主筆したジョン・ケイも，「社益を優先する企業が，必ずしも利益をあげるとは限らない」とする説を，その著書の題材としている（Kay, John, *Obiliquity : Why Our goals were achieved indirectly,* Profile Books Ltd., 2010, p. 19）。

25) 渋沢の著した株式会社規定である「立会略則」には，「商社特質の総勘定は半年毎に計算し，明細帳に記し，社中一同に示し，其上にて損益とも出金の対象に応じ割賦すべし」と記されており，「損益とも出金の対象に応じて割賦すべし」は株主の無限責任とも理解できる。その意味で，渋沢の合法思想が，株主の有限責任を基礎とする今日の株式会社と全く同一のものとは言い難く，したがって，渋沢の「合本」による会社は，今日の株式会社そのものではない。

26) デュルケム，エミール『社会主義およびサン－シモン』森博訳，恒星社厚生閣，1977年，p. 226。

27) 「産業者とは，社会のさまざまな成員たちの物質的欲求や嗜好を満たさせる一つないしはいくつかの物的手段を生産したり，それらを彼らの手に入れさせるために働いている人達である。（中略）そして，これらの産業者は農業者，製造業者，商人と呼ばれる

三代部類をなしている」（サン＝シモン，アンリ・ド『産業主義者の教理問答』森博訳，岩波書店，2001年，p. 10)。

28）デュルケム，エミール『社会主義およびサン‐シモン』森博訳，恒星社厚生閣，1977年，p. 266。

29）中嶋洋平『サン＝シモンとは何ものか：科学，産業，そしてヨーロッパ』吉田書店，2018年，p. 92。

30）中嶋洋平『サン＝シモンとは何ものか：科学，産業，そしてヨーロッパ』吉田書店，2018年，p. 162。

31）サン＝シモン，アンリ・ド『産業主義者の教理問答』森博訳，岩波書店，2001年，p. 164。

32）経済活動から道徳を導き出せるとしたこの考え方は後に批判を受けることになる。フランスの社会学者エミール・デュルケム（1858-1917）は「サン＝シモン主義の失敗の原因となったのは，サン＝シモンと彼の弟子たちが（中略）経済的物質から道徳的規則を手に入れようとしたことである。これは不可能である。それゆえ（中略）経済的生活を規制できる道徳的拘束はどのようなものであるかを科学によって探求し，この規制によってエゴイズムを抑え，それゆえ欲求を満たしうるようにさせること」が必要であるとした（デュルケム，エミール『社会主義およびサン‐シモン』森博訳，恒星社厚生閣，2013年，p. 277)。

33）見城悌治『渋沢栄一：『道徳と経済』のあいだ』日本経済評論社，2008年，p. 120。

34）デュルケム，エミール『社会主義およびサン‐シモン』森博訳，恒星社厚生閣，2013年，p. 198。

35）中嶋洋平『サン＝シモンとは何ものか：科学，産業，そしてヨーロッパ』吉田書店，2018年，p. 290。

36）デュルケム，エミール『社会主義およびサン‐シモン』森博訳，恒星社厚生閣，2013年，pp. 198-99。

37）デュルケム，エミール『社会主義およびサン‐シモン』森博訳，恒星社厚生閣，2013年，p. 166。

38）宮本又郎編著『日本の企業家1　渋沢栄一：日本近代の扉を開いた財界リーダー』PHP研究所，2016年，p. 223。

39）橘川武郎／フリデンソン，パトリック『グローバル資本主義の中の渋沢栄一：合本キャピタリズムとモラル』東洋経済新報社，2014年，pp. 72-73。ただし，渋沢栄一による石田梅岩への言及は少なく，フリデンソンのいう，渋沢の「石田梅岩への考察」には多少の疑問は残る。ただし，『論語と算盤』（角川書店［角川ソフィア文庫］，2018年，p. 287)に「心学」に関する部分に見られ，石田の孫弟子にあたる中沢道二（1725-1803）の著作に関する渋沢の肯定的な引用が存在する。

40）財閥本社は持株会社として存在し，その内容は第二次大戦期に至るまで合名会社，もしくは合資会社であったため，株式は市場に公開されなかった。

41) 新産業の登場以前の日本では，出資者を募り「合本」して取り組むほどの事業機会
は稀であった。18世紀半ば，流通業，醸造業の大規模なものに「乗合商い（組合商い）」
と称する合資形態の会社が認められるが，出資者は地縁的な同族に限られている（末永
國紀『近江商人学入門改訂版：CSR の源流』サンライズ出版，2017年，p. 39）。

42) 渋沢が「重役」という言葉を用いる場合，取締役を兼ねた経営者を指しており，こ
の点については第6章で説明する。

43) 渋沢栄一『国富論』国書刊行会，2010年，pp. 50-51。

44) 第2章，注2を参照のこと。

45) Rosenberg, Hilary, A *Traitor to His Class : Robert A. G. Monks and the Battle
to Change Corporate America,* John Wiley & Sons, Inc, 1998, p. Xi.

46) 環境（environment），社会（society），ガバナンス（Corporate Governance）を指
す。わが国でも2015年に年金積立金管理運用独立法人（GPIF）が国連責任投資原則に
署名したことで様相が一変した（富田秀実『ESG 投資時代：持続可能な調達』日経 BP
社，2018年，p. 53。

47) Rathenaw, Walter, *In Days to Come*（*Von Kommenden Dingen*），Translated
from the German by Eden and Cedar Paul, Alfred A. Knopf (inc.) 1921, p. 120。

48) 渋沢栄一述『立合略則』大蔵省，1871年のうち，通商会社の主意の部分。国会図書
館の website より）。

49) メイヤー，コリン『ファーム・コミットメント：信頼できる会社を作る』宮島英昭
監修，清水真人訳，NTT 出版，2014年，p. 32。

50) 訳文が原文の意味を伝えきれていないと思われるので，訳文を解説させて頂いた。
原文は「anyone whose contractual relation to a corporation only at best partially
reflects their total involvement in it」である。「コミットメント」とは当事者の「献
身」というニュアンスを持つ言葉であり，原文では「total involvement」という部分に
それが表現されている。本文では「連帯性が強い」を付言した。

51) メイヤーは「株主の存在意義，取締役会の株主に対する責任の基幹をなす原則は，
株主が契約による回収の保障のない投資を行い，会社の所有者となったことである」と
の理論を進め，「そうであるならば，契約による回収の保障のない投資を行った関係者
すべてに対し，取締役会は責任を持つべきである」とした。これが「ステークホルダー
とは株式会社にコミットした者である」とする考えの基礎となっている。

第 **5** 章

# 「公益」を数字で表せるか？
## ──「ステークホルダー指標」の提案──

　第1章・第3章では，バーリとミーンズの「巨大会社の『支配者』が，
(中略) コミュニティにかかわるさまざまな集団の主張にバランスをとり，
私益を基にするのではなく公共の政策に添って所得の流れを各集団に配分し
ていく」という考えを紹介し，第4章では，その日本版である渋沢の「公益
指向」，すなわち，「会社は社会の公器である」ことを実践することが，「わ
が国の株式会社に相応しいコーポレートガバナンス」の基礎になると述べた。
本章で述べる「ステークホルダー指標」は，この「公共の政策に添って所得
の流れを各集団に配分していく」ことを，コリン・メイヤーの「コミットメ
ント」理念を加味しつつ，個社のレベルで実行に繋げるための提案である。

## 1　ステークホルダーへの還元

　米国シカゴのある有力な機関投資家との対話時のことである。私が配当政
策に関する説明をすると，先方が返してきた質問は，「今年のシュントウ
(春闘) ではどの程度の賃上げをしたのか」であった。こちらが，相手の質
問の意外さと「シュントウ」という日本語の理解に戸惑っていると，相手は
「シュントウというのは，日本での労使間の賃金交渉のことだよ。毎年やっ
ているだろう」としたり顔で言葉をかぶせてきた。
　「そうか，この連中はこう考えていたのか」と質問の意図が理解できたの
は，この対話を終えてから小一時間も経った後のことであった。すなわち，
「従業員というステークホルダーに対し，何％かの賃上げをしているのなら，

株主というステークホルダーにおいても同様の措置があって然るべきであろう」というのが質問の意図なのである。「シュントウ」の結果を聞いてきたのはそのためであった。

　株式会社が年間の配当総額を最終的に決めるのは，損益の見通しが明らかになった後の利益処分の段階であろう。いうまでもないが，損益が決まる前の段階で従業員への給与・賃金はすでに費用として差し引かれている。したがって，配当額と人件費の増減が同じ次元で考えられることは稀で，会社は両者それぞれの総額に目処をつけて，新しい事業年度に臨むことはあっても，春闘への回答と配当の増減を比較して論じることはまずない。しかし，「どのステークホルダーにどう報いるのか」という視座に立てば，配当額の増減傾向と人件費の動きを照らし合わせることは，自然な評価方法であろう。であれば，この機関投資家の質問は決して奇異なものではない。

　ステークホルダーへの金銭的な還元を行う場合，その原資，すなわち，会社の生み出す付加価値には上限があり，ステークホルダーはその原資を「分け前（ステーク）」を巡って争うことになる。表立った争いはないにせよ，会社は相克する両者の利害を調整しなければならない。株主から「シュントウ」でのベアアップと同等の配当増を要求された場合，会社はどのように回答すれば良いのか。「ステークホルダー指標」は，その回答に関わる指針を示すものである。

　フリーマンはステークホルダーを「自社の目標達成に影響を与え，また，それによって影響を与えられる人・組織」と定義した。メイヤーは，そのステークホルダーには，ステークホルダーそれぞれに，会社に対する契約を超えた「コミットメント」があることを述べた。

　そこで本章では，会社が各ステークホルダーの「コミットメント」に対し，金額を基準としていかに「還元」したかの評価を試みたい。「ステークホルダー指標」はそのためのツールである。ただし，この「還元」状況を明確にし得ないステークホルダーも存在する。例えば，サプライヤーや競合他社もステークホルダーであると考える会社であれば，彼らの「コミットメント」に対する還元度合いを金額で示すのは難しい。したがって，「ステークホル

ダー指標」では，対象とするステークホルダー（正確にはステークホルダー候補）を，金額による還元額が表しやすい要素に限定しなければならない。すなわち，「ステークホルダー指標」におけるステークホルダーは従業員，株主，顧客，地域社会，さらに「企業それ自体[1]」に限定されていることをご容赦頂きたい。

　なお，指標作成の素材とした数値は，すべて有価証券報告書など一般的に誰にでも入手出来るもののみを使用した。したがって，自らが所属する会社の「ステークホルダー指標」を作成するのであれば，内部データを活用することで，より正確な内容を盛り込むことも可能である。

## 2　指標とする基準値

　前述の通り，「ステークホルダー指標」の作成にあたっては，公開されたものであることを基本に，以下を基準値として採用している。

### （1）　配当総額
　株主は自らの責任において出資する，すなわち，出資という「コミットメント」をすることで株式会社のステークホルダーとなり得，自らが選んだ（選任した）取締役会を通じて会社の経営を監視・監督する。この監視・監督も「ステーク」（利害）の範囲に含まれるが，そのうち，「利」にあたるものの第一が配当である。会社は自らが創造した付加価値の一部を配当額に充てることで，株主というステークホルダーの「コミットメント」に報いることになる。決算期間を通じての配当額の合計が配当総額である。

### （2）　自社株取得額
　株主は株式の売買により利潤を得ることが可能である。会社は自己株式を取得することで流通する株式数を減じ，以って，株価の上昇に貢献することが可能である。特に，自社株式の取得のアナウンスは，自社が「現在のその株価を低いと考えている」とメッセージを市場に発することにもなるため，

株価に好影響を与える可能性が高く，株主が自己株式の取得を求めるのはこのためでもある。したがって，「ステークホルダー指標」には自社株式の取得額も含めることとした。(1)(2)は，ステークホルダーである株主への還元である。

### (3) 人件費総額

従業員は，能力と時間を会社に供与するという「コミットメント」を通じて株式会社のステークホルダーとなり得，業務や労働組合活動を通じて会社に影響力を持つ。「利」には給与・賃金のほか，福利厚生まで含め多種多様なものがあるが，金額が圧倒的に大きく，推定もしやすいことから，給与・賃金の期間合計である人件費総額を使用した。

ただし，通常，人件費総額は販売費・一般管理費に合算して表示され，単独では開示されないケースがほとんどである。さらに，メーカーになると，製造原価や研究開費に含まれる人件費（労務費）は，これらの明細が開示されない限り（現在，これを開示する企業はほとんどない）把握できない。すなわち，開示情報から人件費総額を知ることはほぼ不可能である。そこで，「ステークホルダー指標」では便法を用いることとし，各社の有価証券報告書内に記載されている従業員数（国内，海外）と平均給与額（国内）の乗数を「人件費総額（推定）」として使用した。[2] 本文中で，実費との差異検証は行ってあるが，あくまでも推定値であることに留意願いたい。人件費総額はステークホルダーである従業員への還元額である。

### (4) 研究開発費

研究開発費もステークホルダーへの還元額の一つと考えられるが，どのステークホルダーに対するものかを特定することが難しい。値打ちのある製品の供給という意味では顧客への還元であり，自社製品の競争力を高めるという意味では「企業それ自体」に対するものである。さらには，そうした製品が利益の増加，株価の上昇につながるという意味では株主への還元とも考えられよう。あえて第一の還元対象を特定するのであれば，「企業それ自体」

であると考えたい。

## (5) 設備投資額

設備投資に関しては，留意すべき点が二点ある。一つは，研究開発費と同様，還元先を特定し難い指標となる点である。この場合も，本社オフィスへの投資であれば従業員，工場設備への投資であれば「企業それ自体」，それが製品の競争力を高めるということであれば，顧客や株主までも対象として含められよう[3]。

もう一つの留意点は，設備に関わる減価償却費の存在である。設備投資が当該年度の減価償却費で賄われる場合，現金性資産の流出はあり得ず，したがって，本項にいう付加価値の「還元」には当たらないとの理解も可能である。しかしながら，「ステークホルダー指標」の目的は，手元資金の用途を示すことではなく，各ステークホルダーに対する還元額の比較である。その意味で，還元額を現金性資産に限る必要はないと考えた。

## (6) （当該期間）納税額

税の種類により還元の対象は国家から地域社会へと及ぶ。納税額における留意点は，金額の確定を会社側が決めることはほぼ不可能であり，恣意性が低く，会社の意思を体した指標とは言い難いことである。しかし，国家や地域社会の「コミットメント」の内容を特定し評価することは困難だが，国家や地域社会がどの株式会社にとってもステークホルダーであることは疑いがない。

## (7) 利益剰余金の増減

いわゆる内部留保には，狭義と広義のものが考えられるが[4]，「ステークホルダー指標」では公表利益の蓄積分である利益剰余金の増減，すなわち，狭義の内部留保を想定した。利益剰余金の増減，すなわち，内部留保への繰入取崩しは「企業それ自体」の将来に対する還元であり，他の還元額との比較に値しよう。内部留保への繰入が「意図して決定されるものか」「結果とし

て残ったものか」になるかの判断は難しいが，過剰な繰入は，第1章に述べた「内部留保が適切に活用されているか」に関わってくる。

なお，この内部留保の活用については，別項を設けて論じる。

ここから実例に入っていこう。

## 3　実例の提示（自動車メーカー）

まずは，自動車メーカーの大手3社を事例として「ステークホルダー指標」及び関連のグラフを作成した。各社のコーポレートガバナンスに関する指針と対照しつつ，付加価値の還元傾向を見ていきたい。

### (1)　トヨタ自動車

まずは，同社の「コーポレート・ガバナンスに関する基本的な考え方及び資本構成，企業属性その他の基本情報」から「ステークホルダー」に関わる部分を抜粋し引用する（以下，太字変換は筆者による）。

> 当社は，持続的な成長と長期安定的な企業価値の向上を経営の重要課題としています。その実現のためには，**株主やお客様をはじめ，取引先，地域社会，従業員等の各ステークホルダー**と良好な関係を築くとともに，お客様に満足していただける商品を提供し続けることを重要と考え，コーポレート・ガバナンスの充実に取り組んでいます。[5)]

ステークホルダーを株主，顧客，取引先，地域社会，従業員の順に並べ，これらと良好な関係を築くことをコーポレートガバナンス充実の一要素としている。金銭による還元がこの順序でなされているか否かにも注目してみたい。

**表5-1**がトヨタ自動車の直近8年間の「ステークホルダー指標」であり，**図5-1**はそれをグラフで表したものである。

トヨタ自動車の特徴としては，第一に人件費総額割合の低下があげられよう。期間を通じ最大の還元項目であることに変わりはないが（2010～2012年

## 表5‑1　トヨタ自動車のステークホルダー指標

| TOYOTA | 2010 4〜 | 2011 4〜 | 2012 4〜 | 2013 4〜 | 2014 4〜 | 2015 4〜 | 2016 4〜 | 2017 4〜 | 2018 4〜 |
|---|---|---|---|---|---|---|---|---|---|
| 還元総額 | 4,318,813 | 4,393,085 | 5,521,433 | 7,310,609 | 8,327,791 | 8,812,134 | 8,229,235 | 9,180,875 | 10,129,849 |
| % | 100.0% | 100.0% | 100.0% | 100.0% | 100.0% | 100.0% | 100.0% | 100.0% | 100.0% |
| 人件費総額(推定) | 2,310,431 | 2,411,697 | 2,504,903 | 2,692,701 | 2,884,666 | 2,971,231 | 3,106,165 | 3,070,743 | 3,158,329 |
| % | 53.5% | 54.9% | 45.4% | 36.8% | 34.6% | 33.7% | 37.7% | 33.4% | 31.2% |
| 配当総額 | 141,120 | 156,785 | 190,008 | 396,030 | 554,933 | 707,177 | 639,421 | 628,140 | 646,054 |
| % | 3.3% | 3.6% | 3.4% | 5.4% | 6.7% | 8.0% | 7.8% | 6.8% | 6.4% |
| 自社株取得額 | 958 | 116 | 2,542 | 9,472 | 360,233 | 782,871 | 700,228 | 500,177 | 550,107 |
| % | 0.0% | 0.0% | 0.0% | 0.1% | 4.3% | 8.9% | 8.5% | 5.4% | 5.4% |
| 研究開発費 | 730,340 | 779,806 | 807,454 | 910,517 | 1,004,547 | 1,055,627 | 1,037,528 | 1,064,269 | 1,048,882 |
| % | 16.9% | 17.8% | 14.6% | 12.5% | 12.1% | 12.0% | 12.6% | 11.6% | 10.4% |
| 設備投資 | 642,390 | 706,795 | 852,716 | 1,000,713 | 1,177,404 | 1,292,555 | 1,211,864 | 1,302,785 | 1,465,888 |
| % | 14.9% | 16.1% | 15.4% | 13.7% | 14.1% | 14.7% | 14.7% | 14.2% | 14.5% |
| 当該期間納税額 | 227,111 | 255,877 | 391,678 | 824,087 | 920,356 | 845,380 | 682,199 | 742,367 | 746,538 |
| % | 5.3% | 5.8% | 7.1% | 11.3% | 11.1% | 9.6% | 8.3% | 8.1% | 7.4% |
| 利益剰余金増減 | 266,463 | 82,009 | 772,132 | 1,477,089 | 1,425,652 | 1,157,293 | 851,830 | 1,872,394 | 2,514,051 |
| % | 6.2% | 1.9% | 14.0% | 20.2% | 17.1% | 13.1% | 10.4% | 20.4% | 24.8% |

注：網かけは自動車3社中の最高値，太字は最低値を示す。単位は100万円。

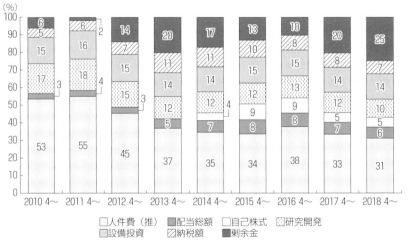

図5‑1　トヨタ自動車のステークホルダー指標グラフ

度は，自動車３社中最も高い比率である），直近の５年間で比率を30％半ばまで低下させ，他の２社の比率を下回る状況になっている。ただし，後述するが，同社は付加価値総額，すなわち，還元総額の伸びが３社中最も大きいため，人件費総額への比率が低下したとはいえ，その実額は期間を通じ上昇している。従業員が第一のステークホルダーと認知されていることは明らかであろう。

第二の特徴は，配当総額や自己株式購入といった株主向け還元比率及び，利益剰余金への繰入費率の増加である。この点には，企業としての意図が推定できよう。前者は「日本再興戦略」におけるコーポレートガバナンスの強化の要請を受けてのものであり，後者は自動車の電動化・電子化の為の新規投資を見越してのものと推定できる。

その他の特徴は研究開発費の比率が３社中で常に最も低いことである。トヨタ自動車の研究開発費は絶対額が大きく，わが国最多であることが注目されるが，自動車大手の中では，還元比率が最も低いのはいささか意外な感がある。

続いて，2010年度の数値を100とした還元額推移表を作成し（表５-２），絶対額の変化傾向を見てみる。

前述の通り，還元総額の伸びは３社中最も高く，これが他の２社に対する優位性を成している。その結果，還元比率で劣る研究開発費や人件費総額でも，その増加度合では他社を上回る。前述の株主向けの還元（特に配当総額）や利益剰余金増化への傾斜も一層明確である。

### 表５-２　トヨタ自動車の還元額推移表

| TOYOTA | 2010 4〜 | 2011 4〜 | 2012 4〜 | 2013 4〜 | 2014 4〜 | 2015 4〜 | 2016 4〜 | 2017 4〜 | 2018 4〜 |
|---|---|---|---|---|---|---|---|---|---|
| 還元総額 | 100 | 104 | 128 | 169 | 193 | 204 | 191 | 213 | 235 |
| 人件費総額(推定) | 100 | 104 | 108 | 117 | 125 | 129 | 134 | 133 | 137 |
| 配当総額 | 100 | 111 | 135 | 281 | 393 | 501 | 453 | 445 | 458 |
| 自社株取得額 | | | | | | | | | |
| 研究開発費 | 100 | 107 | 111 | 125 | 138 | 145 | 142 | 146 | 144 |
| 設備投資 | 100 | 110 | 133 | 156 | 183 | 201 | 189 | 203 | 228 |
| 当該期間税額 | 100 | 113 | 172 | 363 | 405 | 372 | 300 | 327 | 329 |
| 利益剰余金増減 | 100 | 31 | 290 | 554 | 535 | 434 | 320 | 703 | 943 |

注：網かけは自動車３社中の最高値，太字は最低値を示す。

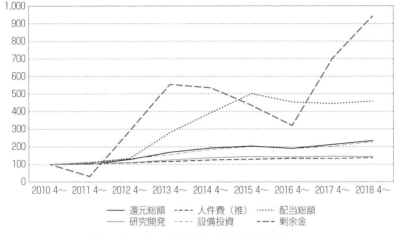

図5-2　トヨタ自動車の還元額推移グラフ

　総じていえば，「株主やお客様をはじめ，取引先，地域社会，従業員等の
各ステークホルダーと良好な関係を築くとともに，お客様に満足していただ
ける商品を提供し続けることが重要」とするトヨタ自動車の「コーポレー
ト・ガバナンスに関する基本的な考え方」のみでは「ステークホルダー指
標」の内容を表しているとはいい難く，実際には，「従業員への還元を維持
しつつも，株主からの要望に応え，また，将来に備えた内部留保の充実を図
っています」との付言が必要な状況であろう。

## (2)　日産自動車

　続いて日産自動車の指針を「日産グローバル行動規範」に記載された「信
条」の一部を抽出して引用する。

　　当社は，〈人々の生活を豊かに〉というビジョンの下，信頼される企業
　　として，独自性に溢れ，革新的なクルマやサービスを創造し，その目に
　　見える優れた価値を，全てのステークホルダーに提供するために，コー
　　ポレートガバナンスの向上を経営に関する最重要課題のひとつとして取
　　り組む。[6)]

表5-3　日産自動車のステークホルダー指標

| NISSAN | 2010 4~ | 2011 4~ | 2012 4~ | 2013 4~ | 2014 4~ | 2015 4~ | 2016 4~ | 2017 4~ | 2018 4~ |
|---|---|---|---|---|---|---|---|---|---|
| 還元総額 | 2,161,788 | 2,408,038 | 2,541,863 | 2,652,126 | 2,771,071 | 2,897,605 | 3,015,222 | 3,029,467 | 2,577,538 |
| % | 100.0% | 100.0% | 100.0% | 100.0% | 100.0% | 100.0% | 100.0% | 100.0% | 100.0% |
| 人件費総額(推定) | 1,062,118 | 1,110,840 | 1,121,969 | 1,095,520 | 1,160,297 | 1,211,747 | 1,120,646 | 1,136,839 | 1,132,672 |
| % | 49.1% | 46.1% | 44.1% | 41.3% | 41.9% | 41.8% | 37.2% | 37.5% | 43.9% |
| 配当総額 | 20,922 | 62,748 | 94,306 | 115,265 | 132,054 | 157,239 | 182,803 | 197,541 | 215,101 |
| % | 1.0% | 2.6% | 3.7% | 4.3% | 4.8% | 5.4% | 6.1% | 6.5% | 8.3% |
| 自社株取得額 | 485 | 9,028 | 7 | 11 | 308 | 28,907 | 277,859 | 730 | 392 |
| % | 0.0% | 0.4% | 0.0% | 0.0% | 0.0% | 1.0% | 9.2% | 0.0% | 0.0% |
| 研究開発費 | 399,300 | 428,000 | 469,900 | 500,600 | 506,100 | 531,900 | 490,400 | 495,800 | 523,100 |
| % | 18.5% | 17.8% | 18.5% | 18.9% | 18.3% | 18.4% | 16.3% | 16.4% | 20.3% |
| 設備投資 | 312,000 | 406,400 | 524,500 | 536,300 | 463,100 | 479,000 | 469,300 | 485,400 | 509,900 |
| % | 14.4% | 16.9% | 20.6% | 20.2% | 16.7% | 16.5% | 15.6% | 16.0% | 19.8% |
| 当該期間納税額 | 90,233 | 115,185 | 86,065 | 131,990 | 224,010 | 149,920 | 275,818 | 140,571 | 156,115 |
| % | 4.2% | 4.8% | 3.4% | 5.0% | 8.1% | 5.2% | 9.1% | 4.6% | 6.1% |
| 利益剰余金増減 | 276,730 | 275,837 | 245,116 | 272,440 | 285,202 | 338,892 | 198,396 | 572,586 | 40,258 |
| % | 12.8% | 11.5% | 9.6% | 10.3% | 10.3% | 11.7% | 6.6% | 18.9% | 1.6% |

注：網かけは自動車3社中の最高値，太字は最低値を示す。単位は100万円。

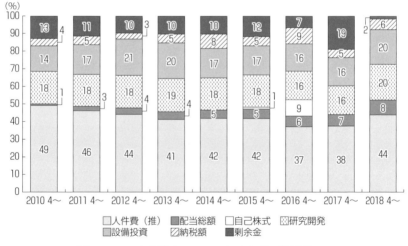

図5-3　日産自動車のステークホルダー指標グラフ

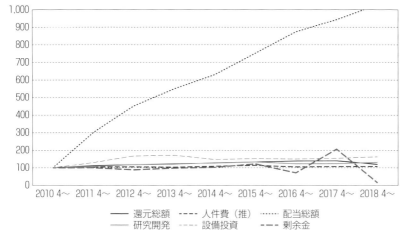

図5‐4　日産自動車の還元額推移グラフ

　指針としては，社の意図が読み難いものだが，まずは，実際の「ステークホルダー指標」，及び，それをグラフ化したものを見てみよう。

　このグラフからは特徴を読み取るのは難しいが，次に掲載する推移グラフ（図5‐4）では特徴が明らかになる。

　配当総額の増加が突出していることが特徴であり，人件費総額，研究開発費，設備投資は微増しているが，他の2社ほどではない。配当総額が増加した背景は明瞭である。同社の株式の43.4％をフランスのルノーが保有しており[7]，配当にルノーの意向が強く反映されたためであろう。特に，配当に強くこだわったのがカルロス・ゴーン元会長であり，例年，株主総会では率先して配当方針を説明，中期計画で3年後の配当を必達目標として宣言し，市場を驚かせたことさえあった[8]。日産株の配当利回りは，2018年度以降，東証一部の上位にあり，ルノー以外の株主は，そのお陰で特別な要望をすることなく配当額の増加を享受していたことになる。しかし，ルノーの日産自動車に対する「コミットメント」が高まっているとは考え難く，「付加価値を，『コミットメント』に応じ各ステークホルダーに還元する」という，本書に述べた「ステークホルダー指向」の意図に照らすのであれば，かなり歪な状況である。

表5-5　日産自動車の人件費総額内訳

（単位：1000円）

| NISSAN | 2010 4〜 | 2011 4〜 | 2012 4〜 | 2013 4〜 | 2014 4〜 | 2015 4〜 | 2016 4〜 | 2017 4〜 | 2018 4〜 |
|---|---|---|---|---|---|---|---|---|---|
| 平均年収 | 6,848 | 7,059 | 6,997 | 7,665 | 7,767 | 7,950 | 8,165 | 8,184 | 8,155 |
| 従業員数 | 155,099 | 157,365 | 160,350 | 142,925 | 149,388 | 152,421 | 137,250 | 138,910 | 138,893 |
| 人件費総額(推定) | 1,062,118 | 1,110,840 | 1,121,969 | 1,095,520 | 1,160,297 | 1,211,747 | 1,120,646 | 1,136,839 | 1,132,672 |

　なお，人件費総額の伸びは３社中最低位にあるが，その理由は，**表5-5**に示すように従業員数（正規，非正規）の減少によるものであって，個人の平均年収の減少によるものではない。ちなみに，実例とした自動車メーカー３社の平均年収は同じレベルであり，人件費総額への還元比率の差が各社の給与水準の差に起因するものではないことを申し添えておく。

　日産自動車においては行動規範の示す，「お客さま・従業員・株主・取引先・地域社会に対し，常に実直・誠実・公正・敬意の姿勢」を，ルノーという特殊な株主の存在が，株主以外のステークホルダーに対する姿勢を歪めていると言ってよいであろう。

## (3)　本田技研工業

同社の「コーポレートガバナンス基本方針」を抜粋する。

　　当社は，基本理念に立脚し，**株主・投資家の皆様をはじめ，お客様，社会からの信頼をより高める**とともに，会社の迅速・果断かつリスクを勘案した意思決定を促し，持続的な成長と中長期的な企業価値の向上をはかることで，「存在を期待される企業」となるために，経営の最重要課題の一つとして，コーポレートガバナンスの充実に取り組んでいます。[10]

　**表5-6，図5-6**が本田技研工業の「ステークホルダー指標」，及び，それをグラフ化したものである。

　同社の特徴は従業員の「コミットメント」を重視し，配当総額，自己株式取得額など株主に対する還元を，他の２社に対して比率を低く抑えていることである。また，研究開発費の比率が比較的高く，従業員を優先する姿勢と

表 5‒6　本田技研工業のステークホルダー指標

| HONDA | 2010 4〜 | 2011 4〜 | 2012 4〜 | 2013 4〜 | 2014 4〜 | 2015 4〜 | 2016 4〜 | 2017 4〜 | 2018 4〜 |
|---|---|---|---|---|---|---|---|---|---|
| 還元総額 % | 2,675,174 100.0% | 2,608,688 100.0% | 3,039,052 100.0% | 3,818,070 100.0% | 3,447,876 100.0% | 3,346,001 100.0% | 3,766,079 100.0% | 4,366,499 100.0% | 3,872,603 100.0% |
| 人件費総額（推定） % | 1,310,540 **49.0%** | 1,397,966 53.6% | 1,378,657 45.4% | 1,526,760 40.0% | 1,573,145 45.6% | 1,610,716 48.1% | 1,644,672 43.7% | 1,743,649 39.9% | 1,801,281 46.5% |
| 配当総額 % | 92,170 3.4% | 108,138 4.1% | 129,765 4.3% | 142,381 3.7% | 158,601 4.6% | 158,601 4.7% | 162,205 4.3% | 174,221 4.0% | 194,271 5.0% |
| 自社株取得額 % | 34,800 1.3% | 8,000 0.3% | 8,000 0.3% | 26,000 0.7% | 17,000 0.5% | 14,000 0.4% | 12,000 0.3% | 87,083 2.0% | 64,557 1.7% |
| 研究開発費 % | 487,591 18.2% | 510,818 **19.6%** | 560,270 18.4% | 598,372 15.7% | 606,162 17.6% | 656,502 **19.6%** | 691,429 18.4% | 751,856 17.2% | 806,905 **20.8%** |
| 設備投資 % | 311,360 **11.6%** | 405,590 **15.5%** | 593,628 19.5% | 746,051 19.5% | 653,811 19.0% | 647,498 19.4% | 541,041 14.4% | 433,892 **9.9%** | 426,519 11.0% |
| 当該期間納税額 % | 76,647 2.9% | 86,074 3.3% | 125,724 4.1% | 207,523 5.4% | 186,724 5.4% | 147,946 4.4% | 196,149 5.2% | 277,360 6.4% | 216,765 5.6% |
| 利益剰余金増減 % | 362,066 **13.5%** | 92,102 3.5% | 243,008 **8.0%** | 570,983 15.0% | 252,433 **7.3%** | 110,738 3.3% | 518,583 **13.8%** | 898,438 20.6% | 362,305 9.4% |

注：網かけは自動車3社中の最高値，太字は最低値を示す。単位は100万円。

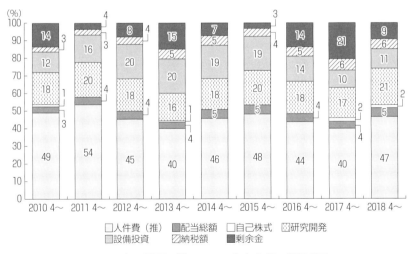

図 5‒6　本田技研工業のステークホルダー指標グラフ

図5-7　本田技研工業の還元額推移グラフ

も考え合わせると，同社は社内優先である。

　図5-7が還元額推移グラフである，同社は推移幅が小さいため，軸のスケールを他2社の2分の1としてある。

　利益剰余金増減額の不安定さは優先度の低さを表すものであろう。すなわち，他の要素を決定した後の残額が利益剰余金への繰入れとなる傾向が強く，トヨタ自動車のような内部留保に関する意図は読み取り難い。また，伸びが少ないとはいえ，一番の増加傾向を示しているのは配当総額である。

　同社は「コーポレートガバナンスの充実に取り組む」ために「株主・投資家をはじめ，お客様，社会からの信頼を高める」ことを基本方針に記している。この方針自体，漠として意図を捉えがたいものだが，「ステークホルダー指標」からも，他の2社に比して，社内，すなわち，「企業それ自体」を優先していることのほかに特色は見え難い。

（4）　自動車メーカー3社の特徴

最後に自動車3社に共通する特徴を挙げておきたい。

### ① 従業員の「コミットメント」が優先される。

　3社とも人件費総額への比率が常に最大であることは一致する。比率を低下させているとはいえ，表期間の3社平均でも人件費総額，すなわち，従業員への還元比率が40％を超える。人件費の実額を配当総額と比較すれば最終年度でも5〜10倍になり，従業員の優先は揺るぎない。これは，第2章の表2-1に提示した，従業員の意向を第一とするわが国の経営者の考え方とも合致する。

### ② 株主の優先度は高くないが，見直されている。

　人件費総額，さらに，研究開発費や設備投資額，利益剰余金の増減額に対し，配当総額，自己株主取得額は，絶対額においては劣後する。しかし，特殊な事情のある日産自動車を例外としても，他の2社は，配当額や自己株式の取得額を増やしつつあり，株主の「コミットメント」を見直す傾向は否定できない。

　これは「設備投資や人件費を抑えて，株主還元を増やす[11]」という今日の世界的傾向に合致したものである。従業員の代表として，各社の労働組合はこの傾向をどう見るのであろうか。

### ③ コーポレートガバナンス指針は実態を反映していない。

　期間中，3社とも株主への還元比率を増やしているにも拘らず，指針には「株主への対応に特に力を入れます」との記述はない。また，還元比率の最も高い「従業員を最優先と考えています」との宣言もない。この点，ステークホルダーの各要素に対する優先順位を明らかにした，第3章に引用したジョンソン＆ジョンソンの「我が信条」に比べると明快さを欠く。実状の反映も充分とは言えまい。

### ④ 株主指標が全てではない。

　表5-7は「ステークホルダー指標」で使用した当該期間の純利益額（株主に帰属する純利益）で配当総額を除したもの，すなわち，配当性向である。

表5-7　各社の配当性向

(単位：%)

| | 2010 4〜 | 2011 4〜 | 2012 4〜 | 2013 4〜 | 2014 4〜 | 2015 4〜 | 2016 4〜 | 2017 4〜 | 2018 4〜 |
|---|---|---|---|---|---|---|---|---|---|
| TOYOTA | 34.6 | 55.3 | 19.7 | 21.7 | 25.5 | 30.6 | 34.9 | 25.2 | 34.3 |
| NISSAN | 6.6 | 18.4 | 27.5 | 29.6 | 28.9 | 30.0 | 27.6 | 26.4 | 67.4 |
| HONDA | 17.3 | 51.1 | 35.3 | 22.8 | 31.1 | 46.0 | 26.2 | 16.4 | 31.8 |

　一例だが，2017年度の配当性向は日産自動車が最も高いが，「ステークホルダー指標」を見ると，配当総額への還元比率が最も高いのはトヨタ自動車である。また，2015年度に最も高い配当性向を示した本田技研工業だが，「ステークホルダー指標」においては，同社の配当総額比率は3社中最も低い。

　配当性向とは，利益との関係で配当総額の「性向」を表すものだが，「ステークホルダー指標」は，他のステークホルダーとの関係から株主への還元状況を評価するものである。すなわち，できるだけ「公益」に近い視座から，配当や人件費などの状況を把握しようとするものであり，株主視点の配当性向とは目的が異なる。株式会社がどの指標でそのパフォーマンスを評価するかは，自社のあり方を決める重要な要素であり，その意味で，配当性向のみを追ってしまっては，「公益」に対する視点を欠くことにもなりかねない。

　私が出席した機関投資家との対話においても，「常に配当を第一に考えよ」と要求した相手は少なかった。したがって，「機関投資家はすべて短期的な投資の回収のみを要求する」という説は短絡に過ぎるのではないか。研究開発費や設備投資など中長期投資に優先度を置く投資家も少なからず存在するのである。留意すべきは，自社への「コミットメント」のレベルや内容を見極めた上で対話に臨むことであり，さらには，株式会社の側にも，対話を行う株主や投資家を選ぶ必要があるということになる。

## (5)　内部留保について

　ここで，内部留保について触れておきたい。第1章において内部留保に関する課題を，内部留保の有効活用，そして，留保されている現金性資産，という2つに集約した。本項では，この二点から自動車メーカーの内部留保の

分析を試みるつもりであるが，前述のように，その内部留保には狭義のものと，広義のものが存在する。問題は，前者すなわち，利益剰余金，では内部留保全体を把握しきれず，後者，すなわち，利益留保，引当金，特別法上の準備金，その他の負債（未払金等）の調査対象年度中の増減額の合計では個社のデータ抽出が煩瑣となるため，現場のビジネスには馴染み難いという点である。[12]

　しかし実際には，対話の上で，海外の機関投資家から「内部留保」という言葉を聞くことは稀で，彼らは現金性資産の状況や，利益の活用度合いを測る基準として，株主資本に対する比率を用いる。一例を挙げるなら「キャッシュのレベルは株主資本の20%程度が適切である」[13]との指摘である。この機関投資家は20%を大幅に超えて現金性資産を保有し続ける投資先に，増配や自社株の取得を求める他，時には活用に関し強く要望を求めてくる。

　そこで，簡便の嫌いはあるが，本項では，内部留保の代わりに，機関投資家の言う株主資本を基準にステークホルダーへの還元，すなわち，その活用度合と現金性資産の比率を考察することとし，次の前提に従い，株主資本の推移，及びその活用状況，さらに，現金性資産の割合を各社別にグラフ化した。

### ① 内部留保の有効活用

　前掲のステークホルダー指標にある，人件費総額，配当総額，自社株取得額，研究開発費，設備投資，納税額の合計を還元額とし，株主資本に対する比率の推移を折れ線グラフに表示した。還元額を活用額とするに当たり，利益剰余金の増減額，すなわち，活用されなかった金額は除外した。比率が高ければ，株内資本がより有効に活用され，活用傾向が高いと考えられる。

### ② 現金性資産の状況

　前述の機関投資家の指摘に合わせ，各社の現金性資産を株主資本と比較し，その推移を折れ線グラフに表示した。20%ラインとの関連に注目されたい。

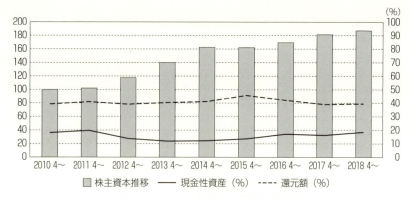

図5-8　トヨタ自動車の株主資本活用

図5-9　日産自動車の株主資本活用

図5-10　本田技研工業の株主資本活用

### ③ 株主資本の推移

2010年度末の株主資本額を100とし，その後の推移を棒グラフに表示したものが図5-8，5-9，5-10である。なお，グラフ中，右側の軸が還元額，現金性資産の比率，左側の軸が株主資本の推移系数に対応している。

ちなみに，株主資本の総資本に対する割合を通年平均すると，本田技研工業（38.4％），トヨタ自動車（35.2％），日産自動車（33.5％）の順で，極端に株主資本比率の高い会社はない。

還元額の活用傾向が最も高いのが日産自動車，続いて本田技研工業，トヨタ自動車であり，各社とも比率は期間中ほぼ一定している。一方で，株主資本は3社とも上昇傾向にあり，日本再興戦略が「内部留保を貯め込むのではなく，新規の設備投資や，大胆な事業再編，M&A などに積極的に活用していくことが期待される」とする以上，「中長期的な事業戦略において，それら（内部留保）をどのように活用するか」[14]を，各社がステークホルダーに説明すべき状況にある。

現金性資産の比率では，トヨタ自動車と日産自動車はほぼ20％のレベルにあるが，本田技研工業はそれらよりも10％程度高い[15]。同社の活用傾向が他2社に比して低い訳ではないが，現金性資産の保有傾向高は否めず，2017年度，2018年度と連続した自己株式の取得も，上昇傾向に歯止めをかけることを目的としたものではないか。業績の比較的好調な自動車メーカーにおいては，この分析から各社の特色を見出すことは難しいが，業績の差のある後述の電機メーカーでは，各社の特色がより明確に表れることになる。

自動車メーカーの分析はここまでとして，次の事例とし，電機メーカーの「ステークホルダー指標」へと視点を移したい。

## 4　実例の提示（電機メーカー）

電機メーカーについては，重電3社，すなわち，日立製作所，東芝，三菱電機のケーススタディーをすることで研究を始めたが，東芝に関しては不祥

事の影響からか数字に変更が多く実態が捉え難かった。そのため，東芝に代わり家電大手のパナソニックを対象とした。

## （1）　日立製作所

　日立製作所のコーポレートガバナンスの指針の抜粋を引用するが，記述に理念的なものがほとんどなく，非常に具体的である。

> 当社では，株主・投資家の長期的かつ総合的な利益の拡大を重要な経営目標と位置付けている。また，**当社及び当社グループのステークホルダーは，株主・投資家の他，顧客・取引先など多岐に亘るが**，当社では，これらのステークホルダーとの良好な関係は当社の企業価値の重要な一部を形成するものと認識している[16]。

　同社はこの指針を冒頭に掲げ，その後に取締役会内の各委員会の役割・責任を明記しているが，特に取り上げたい点は，取締役会を説明する部分の最後の記述である。

> なお，取締役会および各委員会の職務を補助するため，専任の組織を設け，執行役の指揮命令に服さない専従のスタッフを置いています[17]。

　見落とされがちではあるが，取締役会の運営にとっては極めて意味のある内容である。通常，専従のスタッフを持たない取締役会は，経営情報の収集元が限られるため，常に傾斜のない正確な情報の入手に腐心する。この点で，経営側の息のかかっていない専従のスタッフを置くことは，経営の監視・監督に必須の措置であり，この点に配慮の至らぬ会社が多い中，こうした措置を行った同社の措置は的を射たものである。

　表5-8が日立製作所の「ステークホルダー指標」，図5-11がそれをグラフ化したものである。

表5‐8　日立製作所のステークホルダー指標

| HITACHI | 2010 4〜 | 2011 4〜 | 2012 4〜 | 2013 4〜 | 2014 4〜 | 2015 4〜 | 2016 4〜 | 2017 4〜 | 2018 4〜 |
|---|---|---|---|---|---|---|---|---|---|
| 還元総額<br>% | 4,046,753<br>100.0% | 4,115,409<br>100.0% | 3,981,386<br>100.0% | 4,294,720<br>100.0% | 4,484,883<br>100.0% | 4,120,786<br>100.0% | 3,704,441<br>100.0% | 3,926,231<br>100.0% | 3,845,363<br>100.0% |
| 人件費総額(推定)<br>% | 2,738,410<br>67.7% | 2,589,291<br>62.9% | 2,618,076<br>65.8% | 2,680,430<br>62.4% | 2,899,402<br>64.6% | 2,911,929<br>70.7% | 2,582,736<br>69.7% | 2,678,209<br>68.2% | 2,646,600<br>68.8% |
| 配当総額<br>% | 22,580<br>0.6% | 27,105<br>0.7% | 46,713<br>1.2% | 48,304<br>1.1% | 55,532<br>1.2% | 57,941<br>1.4% | 57,938<br>1.6% | 67,591<br>1.7% | 77,246<br>2.0% |
| 自社株取得額<br>% | 183<br>0.0% | 126<br>0.0% | 162<br>0.0% | 4,431<br>0.1% | 421<br>0.0% | 295<br>0.0% | 153<br>0.0% | 292<br>0.0% | 321<br>0.0% |
| 研究開発費<br>% | 395,100<br>9.8% | 412,500<br>10.0% | 341,300<br>8.6% | 351,400<br>8.2% | 334,800<br>7.5% | 333,700<br>8.1% | 323,900<br>8.7% | 332,900<br>8.5% | 323,100<br>8.4% |
| 設備投資<br>% | 556,800<br>13.8% | 642,900<br>15.6% | 742,500<br>18.6% | 849,800<br>19.8% | 850,900<br>19.0% | 528,500<br>12.8% | 377,500<br>10.2% | 374,900<br>9.5% | 414,700<br>10.8% |
| 当該期間納税額<br>% | 125,123<br>3.1% | 123,413<br>3.0% | 104,422<br>2.6% | 144,284<br>3.4% | 144,281<br>3.2% | 156,177<br>3.8% | 178,405<br>4.8% | 160,514<br>4.1% | 201,204<br>5.2% |
| 利益剰余金増減<br>% | 208,557<br>5.2% | 320,074<br>7.8% | 128,213<br>3.2% | 216,071<br>5.0% | 199,547<br>4.4% | 132,244<br>3.2% | 183,809<br>5.0% | 311,825<br>7.9% | 182,192<br>4.7% |

注：網かけは電機 3 社中の最高値，太字は最低値を示す。単位は100万円。

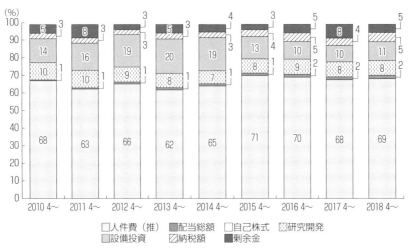

図5‐11　日立製作所のステークホルダー指標グラフ

## 表5-9　トヨタ自動車の人件費総額推定計算表

(単位：1000円)

|  | 2010 4〜 | 2011 4〜 | 2012 4〜 | 2013 4〜 | 2014 4〜 | 2015 4〜 | 2016 4〜 | 2017 4〜 | 2018 4〜 |
|---|---|---|---|---|---|---|---|---|---|
| 平均年収 | 7,272 | 7,400 | 7,511 | 7,946 | 8,383 | 8,519 | 8,523 | 8,319 | 8,516 |
| 従業員数 | 317,716 | 325,905 | 333,498 | 338,875 | 344,109 | 348,777 | 364,445 | 369,124 | 370,870 |

## 表5-10　日立製作所の人件費総額推定計算表

(単位：1000円)

|  | 2010 4〜 | 2011 4〜 | 2012 4〜 | 2013 4〜 | 2014 4〜 | 2015 4〜 | 2016 4〜 | 2017 4〜 | 2018 4〜 |
|---|---|---|---|---|---|---|---|---|---|
| 平均年収 | 7,570 | 8,003 | 8,025 | 8,275 | 8,612 | 8,686 | 8,499 | 8,716 | 8,943 |
| 従業員数 | 361,745 | 323,540 | 326,240 | 323,919 | 336,670 | 335,244 | 303,887 | 307,275 | 295,941 |

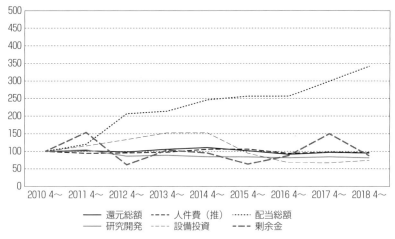

図5-12　日立製作所の還元額推移グラフ

　自動車メーカーと比較すると，人件費総額の割合が高いが，これは日立製作所に限らず，後述する2社も同様である。これは，日立製作所における平均年収の高さ，従業員数の多さが原因ということではない。表5-9，5-10で，自動車，電機でそれぞれ最大規模のトヨタ自動車，日立製作所の平均年収（国内）と従業員数（全世界）を比較してみたが，両社の内容に大きな違いはないことがお分かりいただけよう。

　では，両社の人件費に対する還元割合の差がどこから来るかといえば，還

元総額の変動の違いに起因するところが大きい。

　図5 - 12に示す通り，日立製作所は還元総額，人件費総額ともほぼ横ばいであり，したがって，人件費総額の比率に変化はない。これに対し，図5 - 2で示したトヨタ自動車は，人件費総額を3割程度増やしてはいても，還元総額を2倍以上増加させたため，結果として，人件費総額の比率が低下している。

　日立製作所の指針は，コーポレートガバナンスに関して具体的ではあるが，ステークホルダーの認知についての記述がなく，方針と指標との一致・不一致を明らかにすることはできない。ただし，あえて特徴を挙げるならば，図5 - 12に表れた配当総額の増加であり，この点で，同社も現在は株主利益に着目していると言えよう。


## (2)　三 菱 電 機

　三菱電機のコーポレートガバナンスに関わる指針提示も，日立製作所同様，具体的な内容である。基本的な考え方は以下の一節に示されている。

> 　当社は，指名委員会等設置会社として，経営の機動性，透明性の一層の向上を図るとともに，経営の監督機能を強化し，持続的成長を目指しています。**社会，顧客，株主，従業員をはじめとする**ステークホルダーの期待により的確に応えうる体制を構築・整備し，更なる企業価値の向上を図ることを基本方針としています。[18]

　同社は指針の中にステークホルダーという言葉を入れ，会社としての責任の対象を明示している。さらに，指針に記述はないが，指名委員会等設置会社として，経営監督機能の取締役会長と，最高経営責任者である執行役社長の機能を分離することとして，海外の株主にも納得しやすい体制を採用している。

　表5 - 11が同社の「ステークホルダー指標」，図5 - 13がそれをグラフ化したものである。

## 表5-11 三菱電機のステークホルダー指標

| MITSUBISHI | 2010 4〜 | 2011 4〜 | 2012 4〜 | 2013 4〜 | 2014 4〜 | 2015 4〜 | 2016 4〜 | 2017 4〜 | 2018 4〜 |
|---|---|---|---|---|---|---|---|---|---|
| 還元総額 | 1,314,238 | 1,405,306 | 1,357,594 | 1,467,731 | 1,689,311 | 1,739,182 | 1,744,513 | 1,848,838 | 1,924,259 |
| % | 100.0% | 100.0% | 100.0% | 100.0% | 100.0% | 100.0% | 100.0% | 100.0% | 100.0% |
| 人件費総額(推定) | 857,636 | 915,753 | 928,111 | 928,434 | 1,005,945 | 1,078,847 | 1,103,636 | 1,127,902 | 1,191,179 |
| % | **65.3%** | 65.2% | 68.4% | 63.3% | **59.5%** | 62.0% | 63.3% | 61.0% | 61.9% |
| 配当総額 | 19,315 | 27,910 | 23,616 | 25,762 | 42,936 | 57,963 | 57,963 | 68,696 | 85,871 |
| % | 1.5% | 2.0% | 1.7% | 1.8% | 2.5% | 3.3% | 3.3% | 3.7% | 4.5% |
| 自社株取得額 | 46 | 20 | 16 | 48 | 50 | 43 | 854 | 700 | 1,055 |
| % | 0.0% | 0.0% | 0.0% | 0.0% | 0.0% | 0.0% | 0.0% | 0.0% | 0.1% |
| 研究開発費 | 151,700 | 169,600 | 172,200 | 178,900 | 195,300 | 202,900 | 201,300 | 210,300 | 212,700 |
| % | 11.5% | 12.1% | 12.7% | 12.2% | 11.6% | 11.7% | 11.5% | 11.4% | 11.1% |
| 設備投資 | 126,964 | 167,500 | 164,626 | 173,968 | 194,458 | 177,801 | 175,542 | 181,513 | 198,442 |
| % | **9.7%** | 11.9% | 12.1% | 11.9% | 11.5% | 10.2% | 10.1% | **9.8%** | 10.3% |
| 当該期間納税額 | 54,309 | 42,187 | 23,490 | 34,241 | 60,183 | 52,691 | 55,518 | 62,213 | 58,135 |
| % | 4.1% | 3.0% | **1.7%** | **2.3%** | 3.6% | 3.0% | 3.2% | 3.4% | 3.0% |
| 利益剰余金増減 | 104,268 | 82,336 | 45,535 | 126,378 | 190,439 | 168,937 | 149,700 | 197,514 | 176,877 |
| % | 7.9% | 5.9% | **3.4%** | 8.6% | 11.3% | 9.7% | 8.6% | 10.7% | 9.2% |

注：網かけは電機3社中の最高値，太字は最低値を示す。単位は100万円。

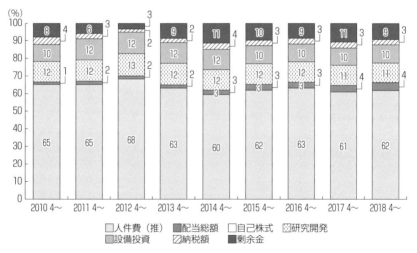

図5-13 三菱電機のステークホルダー指標グラフ

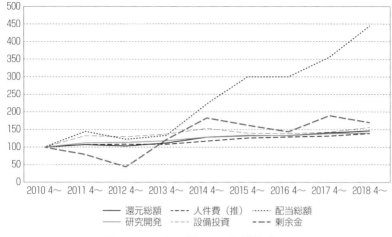

図 5 - 14　三菱電機の還元額推移グラフ

　電機３社中では比較的業績が好調な三菱電機であるが，人件費への還元率は，同様に業績の良い自動車メーカーに比しても高く，その割合も，自動車３社のように低下してはいない。この傾向は他の２社にも共通しており，人件費総額の高率安定は電器メーカー３社の特徴でもある。

　次に還元額の推移（図 5 - 14）を見てみよう。

　三菱電機の還元総額は，2010年度を100とすれば2018年度は146である。これは，日立製作所の95，後述するパナソニックの83を上回る他，日産自動車の119，本田技研工業の145よりも高い。同社の指針にある「顧客，株主を始めとするステークホルダーの皆様の期待により的確に応えうる体制」により「更なる企業価値の向上」は，ほぼ達成できていると言ってよいだろう。また，日立製作所のケース同様，配当総額の増加にも注目しておきたい。


（3）　パナソニック

　同社のコーポレートガバナンス指針には，「企業は社会の公器」というフレーズが明記されている。


　　当社は，創業以来，「事業活動を通じて，世界中の人々のくらしの向上

表 5-12　パナソニックのステークホルダー指標

| PANASONIC | 2010 4~ | 2011 4~ | 2012 4~ | 2013 4~ | 2014 4~ | 2015 4~ | 2016 4~ | 2017 4~ | 2018 4~ |
|---|---|---|---|---|---|---|---|---|---|
| 還元総額 | 3,949,548 | 3,521,636 | 3,039,327 | 2,929,138 | 2,891,908 | 2,878,734 | 3,092,926 | 3,337,945 | 3,259,545 |
| % | 100.0% | 100.0% | 100.0% | 100.0% | 100.0% | 100.0% | 100.0% | 100.0% | 100.0% |
| 人件費総額(推定) | 2,855,504 | 2,615,044 | 2,148,135 | 1,878,334 | 1,921,891 | 1,968,713 | 2,012,620 | 2,105,692 | 2,105,625 |
| % | 72.3% | 74.3% | 70.7% | 64.1% | 66.5% | 68.4% | 65.1% | 63.1% | 64.6% |
| 配当総額 | 20,704 | 21,912 | 11,559 | 11,558 | 36,985 | 46,332 | 58,025 | 58,310 | 81,633 |
| % | 0.5% | 0.6% | 0.4% | 0.4% | 1.3% | 1.6% | 1.9% | 1.7% | 2.5% |
| 自社株取得額 | 432 | 436 | 35 | 116 | 426 | 115 | 106 | 119 | 50 |
| % | 0.0% | 0.0% | 0.0% | 0.0% | 0.0% | 0.0% | 0.0% | 0.0% | 0.0% |
| 研究開発費 | 527,798 | 520,217 | 502,200 | 478,800 | 457,300 | 449,800 | 436,100 | 448,900 | 488,800 |
| % | 13.4% | 14.8% | 16.5% | 16.3% | 15.8% | 15.6% | 14.1% | 13.4% | 15.0% |
| 設備投資 | 403,778 | 294,821 | 310,866 | 217,000 | 226,700 | 252,900 | 311,600 | 392,200 | 300,500 |
| % | 10.2% | 8.4% | 10.2% | 7.4% | 7.8% | 8.8% | 10.1% | 11.7% | 9.2% |
| 当該期間納税額 | 88,910 | 69,206 | 66,532 | 92,817 | 106,107 | 116,657 | 101,238 | 83,833 | 82,403 |
| % | 2.3% | 2.0% | 2.2% | 3.2% | 3.7% | 4.1% | 3.3% | 2.5% | 2.5% |
| 利益剰余金増減 | 52,422 | 0 | 0 | 250,513 | 142,499 | 44,217 | 173,237 | 248,891 | 200,534 |
| % | 1.3% | 0.0% | 0.0% | 8.6% | 4.9% | 1.5% | 5.6% | 7.5% | 6.2% |

注：網かけは電機 3 社中の最高値，太字は最低値を示す。単位は100万円。

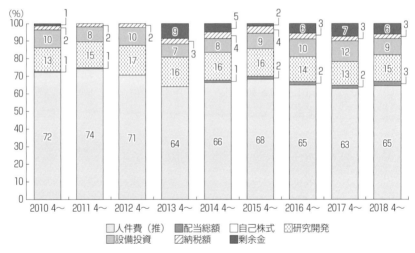

図 5-15　パナソニックのステークホルダー指標グラフ

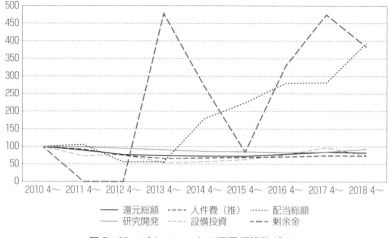

━━ 還元総額　----人件費（推）　……配当総額
── 研究開発　---- 設備投資　-- 剰余金

図5-16　パナソニックの還元額推移グラフ

と，社会の発展に貢献する」という経営理念に基づき，事業活動を行っています。また，「企業は社会の公器」という基本理念に基づき，**株主や顧客をはじめとするさまざまなステークホルダー**との対話を通じて説明責任を果たし，透明性の高い事業活動を心がけ，公正かつ正直な行動を迅速に行っていくことで，企業価値を高めていくことが重要であると考えています[19]。

前記2社が実際的な指針を掲げていることに対し，パナソニックのそれは理念性の濃い内容であると言える。

同社の「ステークホルダー指標」を**表5-12**，及び**図5-15**に示した。

パナソニックは2011年度，2012年度に欠損を計上しており，同期間のステークホルダーへの還元はそれまでに蓄えた内部留保を取り崩すことにより行われている。したがって，本来は利益剰余金の増減にマイナス値を記入すべきであるが，ここでは，図上での比較をしやすくするために，マイナス値を「0」とした[20]。それでも，期間を通じ研究開発費の還元比率を3社中，常に最高に保っていることは同社の理念に繋がるものであろう。

**図5-16**が同社の還元額推移である。

業績の回復を待って，まずは，配当総額を増やした点が目立つが，「日本再興戦略」によりコーポレートガバナンスが注目され始める2013，2014年度を境に株主還元の比率が上昇する傾向は他の2社に共通している。

指針と対比すると，「株主や顧客をはじめとするさまざまなステークホルダーとの対話を通じて説明責任を果たし，透明性の高い事業活動」という姿勢の下で，図5-16に表れる実状がどのように各ステークホルダーに説明されているかは興味深い。

### (4) 電機メーカー3社の特徴

ステークホルダーのうち，従業員を最も重視していること，株主に対する還元比率を増加させているという点は自動車メーカーに共通する。電機メーカーの人件費割合の高さは，電機メーカーが特に従業員に重きを置いているということではなく，製品が多岐に渡るため，自動化が難しく，労働集約性が高くなるという特性に起因するのではないか。

特筆すべき点は，日立製作所，三菱電機のコーポレートガバナンス指針に具体性があり，監視・監督機能と執行機能を分離するという姿勢が明確にされていることである。自動車メーカーの指針にこうした具体性は見られない。

コーポレートガバナンスに関し，現状維持を会社法上の監査役会設置会社[21]とするなら，自動車メーカーでこれに該当するのがトヨタ自動車，電機メーカーではパナソニックである。現状から一歩離れた監査委員会等設置会社（監査役が取締役として取締役会における議決権を有する）を採用しているのが本田技研工業，変化のレベルがより大きい指名委員会等設置会社（経営者の任命，報酬の決定を主に社外取締役に委ねている）となっているのが日産自動車，日立製作所，三菱電機である。

監督・監視機能と執行機能を分離し，取締役会の役割・責任を明確にした体制は指名委員会等設置会社であろう。コーポレートガバナンスが「権限の集中に誤りのないように，会社を導きコントロールするシステム」であるなら，指名委員会等設置会社はよりその主旨に沿った体制である。もちろん，この体制へと移管することで，業績が好転するとは限らないことは，「ステ

ークホルダー指標」も含め，各社の業績を一覧すれば明らかである。コーポレートガバナンスは，あくまで「権限の集中による誤り」を防止するシステムなのであり，業績の好転があるとしてもむしろそれは副産物とすべきものである。両者の間に因果関係は存在しない。

（5）　内部留保について

　自動車メーカー３社同様，ここからは各社の内部留保について考察する。図５‐17，5‐18，5‐19を参照されたい。自動車の場合同様，左軸が株主資本の推移，右軸が，株主資本に対する現金性資産と活用傾向と比率を示す。なお，自動車３社に比して変動幅が大きいため，スケールが異なる点に留意を頂きたい。

　期間を通じての株主資本比率（対総資本）の平均は，三菱電機（43.9％），パナソニック（28.6％），日立製作所（24.7％）の順であり，株主資本比率の高い三菱電機の還元額や現金性資産の比率に関しては，この点にも留意しておく必要がある。

　電機メーカー第一の特徴は，自動車メーカーに比して特に日立製作所，パナソニックにおいて活用傾向が高いことである。この２社は株主資本以上の金額をステークホルダーへの還元に注いでいることになり，「日本再興戦略」の内指摘に照らすなら，優等生的な状況であろう。三菱電機にしても，活用傾向は自動車メーカーの比率より高い。[22] くり返すが，活用傾向とは，人件費総額，配当総額，自社株取得額，研究開発費，設備投資額，納税額の合計額の，株主資本に対する割合である。

　日立製作所においては，活用傾向が100％を超える一方で，株主資本が増加しているが，これは，現金性資産の減少を伴わない減価償却費や引当金の繰入額などを活用していることによる。すなわち，キャッシュフローの増加分で，ステークホルダー指標の還元額を賄ってしまえば，株主資本が減じることはなく，むしろ，増加することさえあり得ることになる。

　では，その現金性資産の割合はどうか。

　日立製作所と三菱電機は，一部の機関投資家が「適正」とする20％に向か

図5‐17 日立製作所の株主資本活用

利益剰余金の推移は左側の軸，活用率については右側の軸を参照のこと。

図5‐18 三菱電機の株主資本活用

図5‐19 パナソニックの株主資本活用

いつつある。

　パナソニックは唯一の例外だが，これは同社が2011年度以降に行った大規模な社債（4000億円）の影響であろう。

　総じていえば，電気メーカー３社の株主資本の活用傾向は自動車３社に比して高く，現金性資金の比率も，パナソニックの特殊な状況を除けば，株主からのクレームを受ける状況にはない。


　報道などで「企業の内部留保が450兆円規模に」といったセンセーショナルなコピーを見かけるが，会社の規模が拡大すれば，それに連れて内部留保の規模も拡大するはずである。したがって，全企業の数字を合計することのみで，金額の規模を云々することは誤解を生みやすい。確かに，パナソニックを除けば，電機２社，さらには自動車３社とも，会社規模の一指標である売上高の増加に比して，株主資本はそれを上回る増加傾向を示している[23]。しかし，その傾向のみで「内部留保をため込んでいる」と判断するのは短絡に過ぎよう。その活用傾向や，将来や喫緊の場合への備えとしての現金性資産の状況を分析することは必須であり，その上で，伊藤レポートにいう「中長期的な事業戦略において，それら（内部留保）をどのように活用するのかという視点」での，ステークホルダーへの説明，さらには，ステークホルダーとの対話が必要ということなのである。


　くり返すが，渋沢栄一は「（お金を）よく集めよく散じて社会を活発にし，したがって経済界の進歩を促すのは，有為の人の心掛けるべきこと」とした。これは，内部留保に関わる「公益指向」を端的に表した至言である。この点で，内部留保の放出を訴えた安倍政権の「日本再興戦略」の提案は的を射ていると言える。ただし，内部留保や株主資本の増加傾向に目を奪われ，これを「ため込み」であるとか，過少であるといった短絡的評価をすることには問題があり，本項に示したような分析を一例として内部留保に関する方針を決していくべきである。内部留保は「これだけあれば良い」という判断にスタンダードが考え難い。そして個社の状況に合わせた判断は，経営側ではな

く，監視・監督側が行うというのがコーポレートガバナンスの主旨に叶った
やり方であろう。

## 5 日本経営者団体連盟（日経連）の試み

　最後に述べておきたいのだが，実のところ，「ステークホルダー指標」に
類する試みは本書を以て嚆矢とするものではない。直近の例を挙げると，日
経連が「日本企業のコーポレートガバナンス改革の方向」において，次の一
文が示すような観察を行っている。

> 　例えば，付加価値の配分は，企業の富の創造に加わった各ステークホル
> ダーへの分配であり，株主配当や総額人件費をはじめとする各ステーク
> ホルダーへの配分の割合が，個々の企業の有する優先順位の反映ともな
> る。配分に関する理念として，株主，従業員，将来への投資に対して，
> 三分の一ずつの分配をするという方針を既に明らかにしている企業もあ
> る。[24]

　ただし，この三等分案に関し，ロナルド・ドーアは「付加価値が実際にど
のように配分されているかということについての知識も関心もないことを証
拠立てている」とした上で，「こうした無関心は日本ばかりでなく，会社の
パフォーマンスを分析しているイギリスやアメリカの学者やアナリストにも
共通している」と述べている。わが国の企業が「付加価値という概念をどの
ように操作しようとも，それを三等分しようなどと本気で考えているとはと
ても思えない[25]」との付言さえあることから考えると，ドーアは日経連提案の
現実性に疑問を抱いていたようだ。

　では，そのドーアがどのような対案をしてきているかといえば，彼は「付
加価値配分決算の開示」において，「ステークホルダーのうち，少なくとも，
株主，従業員，債権者，および国家への還元を同時に比較できる，付加価値
配分決算の開示も義務づけることである」とし，これが「企業が，役員，管

理職，平社員といった人間の総体であるという意識を強める手段として，ステークホルダー企業にとって相応しい会計の出し方である[26]」としている。

　この提案は評価できるのだが，本書の主張との違いは，ドーアがこの内容の開示を前提にしている点である。私自身は今以上の情報開示は，透明性を高めるという利点を理解しつつも，株式会社の負荷をさらに増やす（開示情報を作成する，担当部門の負荷は内部情報の作成に比して大きい）ほか，この情報が会社間比較の火種となり，株主側の開示要求を助長してしまうことを危惧している。取締役の報酬やその指名方法など，優先して透明性を高めるべき情報は他にもあり，「ステークホルダー指標」に関しては，やはり，自社が自身のコーポレートガバナンス指針の実現度合いを測るものとし，その用途をステークホルダーとの対話にとどめるべきであると考える。

　次章では，自社の「ステークホルダー指標」の評価も含め，株式会社におけるコーポレートガバナンスの担い手が誰になるのかについて述べることとする。

注
1）　第3章を参照。ヴァルター・ラーテナウの言う企業を「独立した生命」として成り立たせているもの。
2）　誤差のリスクは，海外の従業員給与・賃金を国内の給与で計算することである。後述の自動車大手3社の内，本田技研工業のみが人件費総額を有価証券報告書に掲載しており，実際に使用した推定値と実数の誤差を計算したものが次の表である。推定値は実際値を平均で11％上回っており，実例に関してもこの程度の誤差の可能性はお含みおき頂きたい。なお，他社との公平を図るため，本田技研工業についても数字は推定値の方を使用した。

（単位100万円）

|  | 2013 4〜 | 2014 4〜 | 2015 4〜 | 2016 4〜 | 2017 4〜 | 2018 4〜 | 平均 |
|---|---|---|---|---|---|---|---|
| 推定値 | 1,526,760 | 1,573,145 | 1,610,716 | 1,644,672 | 1,743,649 | 1,801,281 |  |
| 実際 | 1,310,624 | 1,451,506 | 1,497,127 | 1,373,578 | 1,576,012 | 1,634,785 |  |
| 誤差 | 216,136 | 121,639 | 113,589 | 271,094 | 167,637 | 166,496 |  |
| ％ | 14.2％ | 7.7％ | 7.1％ | 16.5％ | 9.6％ | 9.2％ | 10.7％ |

3） このようなケースは他にも考えられる。例えば，株主が製品のユーザーであった場合，地域社会が株主であった場合などである。指標の基準値として取り上げたものはそれぞれ，どのステークホルダーに対するものであるかを特定することが難しく，還元ということに関しては複眼的な捉え方が必要である。

4） 小栗崇資他『内部留保の研究』唯学書房，2015年，p. 349。

5） 同社のコーポレートガバナンス報告書（2019年6月21日更新）より，「コーポレートガバナンスの基本的な考え方および資本構成，企業属性そのほか他の基本情報」の「基本的な考え方」より抜粋。

6） 同社のコーポレートガバナンス報告書（2019年7月25日更新）より，「コーポレートガバナンスの基本的な考え方および資本構成，企業属性そのほか他の基本情報」の「基本的な考え方」より抜粋。

7） ルノーの出資は1999年に行われている。

8） 『日本経済新聞』2018年12月12日付。

9） 非正規従業員数も減少しており，正規従業員を非正規従業員に置き換えたということではない。

10） 同社のコーポレートガバナンス報告書（2019年6月27日更新）より，「コーポレートガバナンスの基本的な考え方および資本構成，企業属性そのほか他の基本情報」の「基本的な考え方」より抜粋。

11） 『日本経済新聞』2019年1月18日付，3月21日付。

12） 法人企業統計上の説明。小栗崇資本他『内部留保の研究』唯学書房，2015年，p. 25より引用。

13） 貸借対照表に「現金及び，現金同等物の期末残高」と表示されるもの。この株主資本に，いわゆる持ち合い株式の含み（未確定の）損益を加えたものが「自己資本」とされる。

14） 「伊藤レポート」p. 48。

15） グラフには未記載であるが，トヨタ自動車は他の2社に比して有価証券の保有額が大きく，これを加えると，対株主資本比率は通年平均で26.8％となる。

16） 同社のコーポレートガバナンス報告書（2019年6月28日更新）より，「コーポレートガバナンスの基本的な考え方および資本構成，企業属性そのほか他の基本情報」のうち，「基本的な考え方」より抜粋。

17） 同社のWeb siteより。「経営情報」のうち，コーポレートガバナンス体制に記載の取締役会の「サマリー」部分。

18） 同社のコーポレートガバナンス報告書（2019年7月11日更新）より，「コーポレートガバナンスの基本的な考え方および資本構成，企業属性そのほか他の基本情報」のうち，「基本的な考え方」より抜粋。

19） 同社のコーポレートガバナンス報告書（2019年8月6日更新）より，「コーポレートガバナンスの基本的な考え方および資本構成，企業属性そのほか他の基本情報」のうち，

「基本的な考え方」より抜粋。

20) 2011年度の利益剰余金の増減は－794,084百万円，2012年度は－765,809百万円である。

21) 日本取締役協会のデータによれば，2018年の東証一部上場企業の中，監査役会設置会社数は1529，監査等委員会設置会社へ移行した会社数は513で増加傾向，指名委員会等設置会となった会社数は60社で，こちらは微増傾向である。

22) 期間の平均は三菱電機の89.8%に対し，トヨタ自動車40.8%，日産自動車47.1%，本田技研工業48.5%である。

23) トヨタ自動車の場合，2010年度の売上高を100とすると，2018年度のそれは159，株主資本は187になる。同様に日立製作所の場合，売上高は102，株主資本は227である。

24) ドーア，ロナルド『日本型資本主義と市場主義の衝突』藤井眞人訳，東洋経済新報社，2001年，pp. 106-107。

25) ドーア，ロナルド『日本型資本主義と市場主義の衝突』藤井眞人訳，東洋経済新報社，2001年，p. 107。

26) ドーア，ドナルド『誰のための会社にするか』岩波書店［岩波新書］，2006年，p. 226。

第 **6** 章

# 会社の未来は取締役会にかかっている
## ──取締役会の構成，役割，責任──

　本田技研工業の創業者の一人，藤沢武夫は同社の「役員室構想」は，次の
ような助言が基になったと語っている。

　　　君，お茶室を作れよ。電話も置かず，外部と一切遮断した生活をしなさ
　　　い。(中略) 仕事を離れ，会社にも顔を出さない人が，一人くらいいる
　　　ほうがいいよ。とくに君のところの会社のような場合には。[1]

　この茶室の話の所産が，取締役が隔離された一か所に集まって，日常業務
を離れ，全社的状況を把握しつつ共通の課題についての共同決定を行うとい
う，同社の「役員室構想」であった。藤沢は半ば強引にこの「役員室構想」
を実施したようだが，資材部長，財務部長といった日常業務を失った新取締
役からは随分と抵抗があったようだ。藤沢はそうした苦情に対して次のよう
に答えている。

　　　いや，重役は何もしないんだよ。俺もそれでやっていた。何もない空の
　　　中から，どうあるべきかをさがすのが重役で，日常業務を片づけるのは
　　　部長の仕事だ。[2]

　現場にいれば，目の前にある仕事に拘泥する。もし，社内全員が日常業務
のみに関わることになれば，誰も会社の将来を考えず，また，会社に自省も
ない。キャドバリーが「日々の事業活動から一歩退き，みずからが置かれる

状況を振り返る必要がある<sup>3)</sup>」と指摘する通りである。第1章で，わが国の大企業では，取締役会は存在しても，そのメンバーである取締役はほぼ経営者が兼務する「マネジメント・ボード」であると述べたが，そうなれば，会社は進む方向を見失うかもしれず，また，独善に陥ることもあるだろう。こうした状況を避けるためにも，藤沢は，創業者を継ぐ取締役会の役割・責任は，会社の将来を描き，そのビジョンを基礎に経営を監視・監督することにあると考えた。それが，現場を離れた「茶室」であり，「モニタリング・ボード」に繋がるものでもある。

　しかし，本田宗一郎や藤沢武夫，あるいは，米国のシリコンバレーに登場しつつある創業者のように，自身が会社の将来について，ビジョンを描きそれを展開できる人であるなら「茶室」は不要であったかもしれない。第3章で，1960年代に最盛期を迎えた米国の「ステークホルダー指向」が衰退した要因として，経営環境の変化，そして，その時代に株式会社の「支配」力を強めていた経営者への依存を挙げたが，そうした経営者の多くはビジョンを持った経営者であったろう。経済の成長により社会全体を豊かにすることが国家的命題であり，会社のビジョンでもあった時代に，米国的な（ヒーローのような）リーダー経営者たちが，その「支配」力を駆使し，社会全体，すなわち，「公益」のために株式会社を牽引したのである。しかし，経済の成長とともに，そうした経営者の多くは，独裁的な経営姿勢を維持したまま，「公益」よりも「社益」さらには自身の「私益」に走る経営者へと姿を変えてしまった。

　度重なる不祥事により「経営規律」の破綻が注目を浴び，株式会社に社会的責任が問われる今日，時代は，社会的な影響力のある巨大株式会社に「公益」を意識した「ステークホルダー指向」の再興を求めている。その実現には，経営の責任対象を株主のみとする「株主指向」ではなく，対象をより広汎なステークホルダーとして認知し，そのステークホルダーに対する責任として，「権限の集中に誤りのないように，会社を導きコントロールするシステム」を確立しなければならぬはずである。それは，渋沢の説いた「公益指向」を深化することであり，そのためには，藤沢の言う「茶室」に入るメン

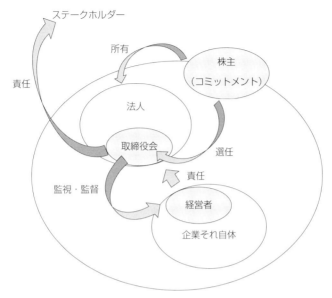

図6-1　新しい株式会社の姿

バーが必要になってくる。

　そして，そのメンバーこそが取締役であり，彼らが構成するものが取締役
会なのである。したがって，わが国における「ステークホルダー指向」の担
い手は，すなわち，ステークホルダーへの責任を背に，コーポレートガバナ
ンスを構築し，それを経営に反映をさせる役割・責任を果たすのは，取締役
会でなければならない。取締役会は存在するが，取締役は経営者の兼務であ
るという状況を脱し，いわば「茶室」に入って「取締役会による，ステーク
ホルダーに対する責任としての経営者の監視」を実践してこそ，海外の機関
投資家の要望も満たされるということになるはずである。経営との役割・責
任が重複しつつある取締役会を，経営側から分離，独立させ，経営の監視・
監督，さらには「ステークホルダー指向」によるコーポレートガバナンスの
担い手として機能させるべきなのである。

　第3章で用いた図式を基礎とするなら，この状態は図6-1に表されよう。

## 1　英国の取締役会

　こうした認識に立ち，取締役会がどのような構成により，どのような役割・責任を担うべきかについて，わが国の「コーポレートガバナンス・コード」がその要素を多く取り入れた英国の取締役会のあり方をメルクマールとして，考えてみたい。

### (1)　取締役会の構成

　1992年の「キャドバリー報告書」が示した「最善慣行規範」は，この規範の役割を「取締役会を即してその役割と責任を明確にすることである」としている。その背景には「委員会に提出された事実の中には，（中略）取締役会と経営者間の責任の区分が曖昧なために混乱するケースがあった[4]」とあり，英国においても，わが国同様，経営と取締役会の役割・責任の区分に曖昧さが存在したことがわかる。「マネジメント・ボード」から「モニタリング・ボード」への転換がなされていなかったということであろう。

　キャドバリーの理念や，現在の「コーポレートガバナンス・コード[5]」を基に，英国の取締役会の内容を次のようにまとめた。

① 取締役会の構成員は，原則として全員が平等である[6]。
② 取締役会は業務執行取締役と非業務執行取締役で構成される。
③ 取締役会の少なくとも半数は非業務執行独立取締役でなければならない[7]。
④ 全メンバーが非業務執行独立取締役により構成される監査委員会，報酬委員会，過半数が非執業務行取締役で構成される指名委員会を設置しなければならない。
⑤ 取締役会会長は非業務執行取締役でなければならない。
⑥ したがって，会長をCEOが兼ねることは推奨されない。もし兼務する場合は，株主に対する説明責任が生ずる。

⑦ 会長の補佐役，及び，会長と他の取締役との仲介役として，非業務執行独立取締役の1名を「上席独立取締役」（Senior Independent Director）として指名しなければならない。

①と⑥について特に説明を加えておく。

①は取締役会が監視・監督機関であり，業務執行機関ではないことに由来する。すなわち，取締役会は，経営そのものを行う機関ではなく，それを審議する機関であり，審議機関である限り，メンバーには一人一票の平等原則が貫かれる必要がある。

⑥コーポレートガバナンス・コードには「何人たりとも，制約のない決定権を持つべきではない」との原則があり，これはその具体的表現である。ただし，会長とCEOが兼務となる場合，パワーバランスを保つ上で，⑦に述べた「上席独立取締役」が兼務者に対する牽制機能を果たすことを期待されている。これは①の取締役の平等原則に反する例外措置ということになろう。

## (2) 会長を社長（CEO）が兼務すること

会長とCEOが兼務となることにつき，さらに詳しく述べておきたい。参考のために，米国に目を向けてみると，SEC（米国証券取引委員会）の反対意見にもかかわらず，取締役会会長をCEOが兼ねる米国の株式会社は非常に多い。実際，「取締役会の会長は概ね（約80％が）CEOであり，委員会委員の任命，取締役会の議案設定，上程される情報の質・量・タイミングの決定に関する責任も負っている」。また「会長とCEOが別人の場合でも，会長が独立した社外役員であるケースは半分程度に過ぎず，前CEO，創業者，被買収会社の前CEO，あるいは，取締役の任期を超えて会社との関係を保っている人物がその任に就いている」状況である。

最近では，フェイスブックのCEO，マーク・ザッカーバーグ氏がこの典型だが，創業者に強い権限を与え，成長期の会社のかじ取りを任せるのはシリコンバレー企業では珍しいことではない。それでも企業が社会的な影響力

を増してくると話は別である。[11]

　この点については，英国のキャドバリー卿が興味ある評価をしているので，引用する。

　　　そもそも，権限についての最高業務執行取締役（CEO）と取締役会間の配分は，取締役会のあるべき姿といった組織論よりも，企業の文化や歴史に影響されることが多い。米国企業に見られる会長兼CEOという形態は，いわば国家元首と軍総司令官としての大統領的地位の反映である。憲法が定めた範囲内で個人に権限を与え，そのリーダーシップに期待するのが米国の一つの伝統で，それが米国の企業にも当てはまる。[12]

　すなわち，米国の株式会社において，会長をCEOが兼務するのは，取締役の役割・責任が曖昧ということではなく，あえて一人の人間に権限を集中させ，そのリーダーシップに期待するという米国組織の伝統に由来しているということになる。

　当然，この考え方は，わが国の株式会社の状況と同じく，経営者への権力偏在を醸成し，経営規律の弛緩を招く可能性を孕んでいるはずである。1970年代のペンシルバニア鉄道事件，2001年のエンロン事件，翌年のワールドコム事件などは，「リーダーに任せてみよう」という米国的な考えが裏目に出た結果でもあろう。

　現在，SECは「推奨指針（Code of Corporate Governance for Listed Companies）5.5」において，会長をCEOが兼務する（ケースも含め会長が独立取締役ではない）場合，英国と同様，上席独立取締役（Lead Director）を任命することを推奨している。これは，米国の特徴であるリーダーを尊重する文化を維持しつつも，英国式に権限の集中による弊害を除去しようとする動きであろう。

## 2　わが国の取締役会のあり方

　では，わが国の取締役会はどうあるべきか。第1章に述べた「現場から立てた課題[13]」に留意しつつ，ここで提案を行いたい。

　以下に，5項目に分けた提案を行い，項目ごとの説明を後述する。


### （1）　平 等 原 則
・取締役会の構成員は全員が平等である。


### （2）　構 成 要 素
・取締役会は業務執行取締役と非業務執行取締役で構成される。
・取締役会の過半数以上は非業務執行取締役とする。
・非業務執行取締役の過半数以上は会社から独立した人物（独立取締役）とする。
・会長は非業務執行取締役でなければならない。


### （3）　会長とCEOの兼務
・会長とCEOは別の人物が務める。
・両者を同一人物が兼ねる場合は，取締役会の過半数以上を非業務執行・独立取締役としなければならない。


### （4）　委員会の設置
・過半数が非業務執行・独立取締役により構成される監査委員会を設置しなければならない。
・過半数が非業務執行・独立取締役で構成される指名委員会，報酬委員会を設置することが望ましい。

## (5)　専従スタッフの配置

　取締役会の職務を補助するため，取締役会に経営者の指揮命令に服さない専従のスタッフを置く。

　以下，各項目に沿って説明する。

### 1）平 等 原 則

　代表権の有無，専務・常務といったヒエラルキーを取締役会内にも取り入れ，専務会・常務会などを作って意思決定の迅速化を謳う株式会社もあるが，これは，執行と監視・監督機能の分離が曖昧な結果，執行機関の要素が審議機関である取締役会に持ち込まれた結果であろう。代表権の有無，専務・常務といった職位はいずれも執行に寄与する権限であり，監視・監督を行う審議機関として構成員の平等を旨とする取締役会との間に親和性はない[14]。

### 2）構 成 要 素

　会社から独立した人物，すなわち，独立取締役の必要最低数については，会長がCEOを兼務しない限りにおいて，（非業務執行取締役の必要数である）過半数の過半数，すなわち，全体の25％以上とした。

　理想は英国同様の過半数だが，独立（社外）取締役という「文化」が導入されたばかりのわが国では，その機能が未だ充分に理解されておらず，適切な人材が充分とはいえない。次の一説が現状をうまく評価していると言えよう。

　　　米国ではむしろ社外取締役は重責で成り手が少ない。しっかり経営を監督していないと株主から訴えられるからだ。日本のように最高経営責任者（CEO）の友達や知り合いに社外取締役を頼むといったなれ合いなどない[15]。

　また，監視・監督と執行機能が分離していない「マネジメント・ボード」で育った取締役が，必ずしもこの機能の分離への変化を充分に理解していな

いとの意見もあるように[16]，経営の経験者が（独立）社外取締役の知見を備えているとは限らないのである。そこで，本提案では，形だけの独立（社外）取締役の濫造を抑えることを考慮し，無理に高い数字は設定せず，25％以上とした[17]。ただし，取締役会会長をCEOが兼ねる場合は，過半数以上でなければならない。序章でも述べたが，「伊藤レポート」の指摘する「代表取締役に権力が集中」することを避けるための設定である。

さらに，社外の取締役を任命したものの，情報の共有が不十分で，「社内」と「社外」の取締役間の議論がかみ合わないという事例を現場でよく見る。もちろん，「社内」と「社外」の「情報レベル」を同等にする必要はないし，実際にそれは不可能である。しかしながら，基本的な情報さえ「社外」の独立取締役に伝わっていないという状況では，取締役会における審議に現実味がなくなってしまう。すなわち，取締役会における社外取締役の質問が実状と乖離したものになってしまうのである。対応策は2つある。一つは，本提案に示す通り一定数の「社内」出身者を取締役会に留めること，これは「経営者の責任からではなく，業務執行者が取締役会にもたらすと期待される幅広い属性[18]」を期待するためである。もう一つは，専任の部署を設け，通常は直属のスタッフを持たない取締役会のための情報収集に留意することである。後者については，5）で詳述する。


## 3）会長とCEOの兼務

第1章で述べたが，わが国の企業における問題の一つは「代表取締役」への権力集中であった。この状況はわが国に限ったものではないが，英米においては，権力の集中による弊害の防止措置として，取締役会の過半数を独立取締役とすること，あるいは「上席独立取締役」を立ててパワーバランスを保つことが推奨されている。

本提案では，会長とCEOの兼務をあえて禁じることはしなかった。創業時や会社の立て直し時期などにおける，有能なリーダーによる采配に期待するが故である。ただし，その場合は，独立取締役が過半数を占めることとし，「代表取締役社長」の「独裁」を防ぐ条件を付帯させた。また，英米におけ

る「上席独立取締役」の設置は，取締役会のヒエラルキー助長につながると考え，提案には入れなかった。

　なお，英国のコーポレートガバナンス・コードは，取締役会会長を（独立）社外取締役から選ぶことを推奨しているが，わが国の「会議文化」の熟成度を考えると，社外の人間が，社内の会議の進行を円滑に行えるとは考え難く，これも提案から外した。

### 4）委員会の設置

　私が対話をした機関投資家に限られるが，誰もが，わが国の監査役会設置会社における監査役の機能を，経営の監視・監督上，不充分であるとした。そこで，本提案では，過半数の非執行・独立取締役からなる監査委員会の設置を義務として監査機能の実効性を高めることとした。会社は，この時点で監査等委員会設置会社となる。

　一方，指名委員会，報酬委員会の設置は「望ましい」に留めた。これは，両委員会にて過半数を占めるべき非業務執行・独立取締役に対し，偏りのない社内情報が供給され得ない状況を危惧しての意見である。CEO の指名，報酬の決定は充分な情報に基づいて行われるべきであり，特に「社外」の独立取締役の判断情報が不充実であれば，両委員会は形骸無実化してしまう。したがって，この情報の問題が解決をみた場合においてのみ，両委員会の設置を必須としたい。

　余談になるが，ステークホルダーの一要素であろう従業員は，日常の業務において，常に経営者から，実績，部下の評価，部下の人事などで，公平性，透明性，さらに説明責任を問われている。もし，経営者のみが，取締役会に対する説明責任が曖昧でも良いということであれば，従業員はそこに矛盾を感じるはずである。経営者は取締役会に対し，常に，公平性，透明性を担保する必要がある。したがって，従業員との平等性，さらに，決定の透明性を確保する意味において，報酬委員会，指名委員会の設置は避けられないのではないか。

### 5）専従スタッフの配置

専従スタッフを持たない取締役会は，経営情報の収集を個人のネットワークで行わねばならず，正確で充分な情報が入手し難い。特に，取締役の社内情報については英国の「コーポレートガバナンス・コード（Principles F）」に記述がある通り，取締役会全般における情報レベルについての注意が促されている。第5章で紹介した日立製作所のコーポレートガバナンス指針は「取締役会および各委員会の職務を補助するため，専任の組織を設け，執行役の指揮命令に服さない専従のスタッフを置いています」との一文を挿入し，特にこの点に配慮しているが，取締役会が専従のスタッフを持つことは，取締役会がその役割・責任を果たす上で不可欠であることを，改めて強調しておきたい。

なお，英国のコーポレートガバナンス・コードは，取締役会が会社の目的，価値，戦略を定めることを推奨しているが[19]，これは現場重視のわが国のビジネス文化に合致したものとは思えず，提案に含めてはいない。わが国においては，経営サイドで策定（あるいは，改訂）したものを取締役会が承認し，後は，その内容に沿って「会社を導き，コントロールするシステム」を機能させるのが取締役会の役割であり，責任であろう。

## 3　取締役会の理念

ここで少し回り道をさせて頂き，取締役会の具体的な役割・責任に進む前に，その基礎となる取締役会の理念についても，「アマとプロ」，「comply or explain」という2点から簡単に触れておくことにする。

### （1）アマとプロ，論語と算盤

フランスにおける渋沢には及ばないが，私の英国在中の気づきの一つが，社会の上流層におけるアマチュアリズムへの憧憬である。この場合のアマチュアリズムのアマチュアは，日本語の「素人」を意味しない。専門技術に秀

でるのみのプロフェッショナルに対し，技術に没入せず，そこから一歩離れ，より広い視野から対象を俯瞰できる知見を身につけた人という意味でのアマチュアである[20]。

　これは多少古い考え方のようだが，プロフェッショナルには専門家としての知識しかないとし，その呼称にも，多少，揶揄の気持ちがこもっている。これに対し，アマチュアという呼称には尊敬の意味も込め，教養人であるというニュアンスがある。森を見ることなく，木に目を奪われているが，仔細な観察のできる人をプロ，木そのものについては詳しく知らずとも，森という全体から木のあり方を俯瞰できる人がアマなのである。わが国では，プロに技術があり，アマのそれは未熟という理解が一般的だが，英国の古い世代にはこれとは全く違う理解が存在していたように思う。この見方をコーポレートガバナンスに当てはめるなら，「経営者は利益を追求するプロフェッショナルであり，取締役会は，社会の中で会社のあり方を俯瞰できるアマチュアである」との解釈ができよう。

　渋沢栄一の『論語と算盤』は，経営者に対し「私益」を抑え「公益」を考える経営規律（論語の精神）と，稼ぐ力（算盤の技術）の両方を求めたが[21]，英国では「論語」の役割をアマチュアである取締役会が背負い，「算盤」の役割をプロフェッショナルである経営者が担うという役割責任の分散が行われていることになる。

　第4章でも触れたが，渋沢の経営者と取締役の区別は曖昧である。「重役がその地位を保ち，その職責を尽くしているのは，必ず大勢の株主の希望によるものだからである[22]」という場合の「重役」は，取締役を兼務する経営者を指しており，『論語』の精神と算盤の技能を単独で担う存在である。もちろん，「重役」個人にこうした素養があれば問題はないが，「私益」「社益」に走る確率が皆無とは言えまい。コーポレートガバナンスは，「いざ，悪人が出たときには機能するが，普段は（中略）形式的にしか機能しない[23]」という，リスクに備えるシステムでもあり，リスクに備えて，「論語」の機能と「算盤」の機能を分離し，これらを別の機関に担わせるべき，というのが海外の機関投資家の主張である。本書においても，「重役」の自己規律は重視

しつつ，この主張に沿った立場を採っている。

## (2)　Comply or Explain

　英国に関する印象をさらに述べさせて頂く。社会の上層部に限られるが，子弟に対する教育は，まず，ルール遵守の姿勢を確立させ，次に「自己規律」，つまりは，プリンシプルを体得させることへと進む。他者ではなく，自身が自身に「規範」を課す教育である。

　こうした理解に立てば，英国発の「コーポレートガバナンス・コード」が，「規範」（コード）であり，「規則」（ルール）ではないということも理解できよう。「規範」である限り，「Comply or Explain」（遵守するか，出来ない場合はその理由を説明する）が可能であれば良く，「規則」のように，遵守できぬ場合に備えた他者による罰則が存在するわけではないのである。

　ただし，「Comply or Explain」とは，各会社にプリンシプル，この場合であれば，コーポレートガバナンスに関する理念，すなわち自社の「規範」となるものが存在することを前提に課されたものである。すなわち，「Complyできない」という事態は，その会社のプリンシプルと「コーポレートガバナンス・コード」とが相容れないという意味になる。

　第4章で述べた，三菱電機であれば「社会，顧客，株主，従業員をはじめとするステークホルダーの期待により的確に応えうる体制を構築・整備し，更なる企業価値の向上を図ることを基本方針としています」とあるのがコーポレートガバナンスの理念であり，これを自らの「規範」として「Comply or Explain」を判定していくことになろう。理念があって初めて「Explain」が可能であり，そうでなければ，「Comply」できない場合には「Excuse」（言い訳）をすることになる。

　いささか本論から逸れた感もあるが，「Comply or Explain」という要望の仕方は英国的なものであり，このスタイルを踏襲したわが国の「コーポレートガバナンス・コード」も，各社のコーポレートガバナンスに関する理念や，それに基づく「規範」の存在を前提にしたものである点に留意しておく必要がある。

## 4　取締役会の役割と責任

　ここまでに述べたことを総合すれば，わが国の取締役会の役割・責任は大きく分けて2つ存在することになる。一つは，経営を一歩離れた立場から俯瞰しつつ，ステークホルダーに対する責任の下でこれを監視・監督すること，すなわち「モニタリング・ボード」としての機能であり，もう一つは，ステークホルダーを確定し，ステークホルダー間の利害を調整することである。

　本項では，それぞれに関し，目標とする指標を示しつつ説明する。

### (1)　経営の監視・監督

　取締役会は，経営者の「自己規律」，そして「経営規律」が保たれる，さらに進んで，それらが発揚できるような環境を醸成していかねばならない。「経営規律」は，取締役会が「公」と認めるステークホルダーに対する責任に基づくものであり，ステークホルダーとの間に健全な関係を築くに必要な利潤が生みだされているか否かが問題となる。

　経営者がその利潤を効果的に生み出しているか否かの判定には，「伊藤レポート」の指摘する資本効率を重視することが必要であろう。経営者は売上高に対する利益率を意識し，取締役会はそれに対する投下資本の効率に目を注ぐという形こそ望ましい役割・責任の分担である。ただし，ここで言う資本効率とは ROE ではなく ROA である。ROE は株主や投資家のための指標であり，株式会社が主目標として ROE にこだわることになれば，「株主指向」への傾斜が始まる。取締役会が注視すべきは，負債も含めた会社自体の資本効率である ROA でなければならない[24]。

　経営者の重視すべき売上高利益率と，取締役会が注視すべき総資本利益率の関係は以下の等式で表わされる。

$$ROA = 売上高利益率 \times 総資本回転率$$

すなわち，ROA が悪化した場合，取締役会には，その原因が，経営者が関与する売上高利益率の問題なのか，取締役会側が注視する資本効率に関わる総資本回転率の問題なのかを見定める必要が生じる。原因が後者であるならば，どの投資に問題があるのかを見出し，その措置を検討し，結論を経営者に伝え実行に移させる必要がある。

「伊藤レポート」によれば，資本コストに関心のある企業は「それほど多くはない[25]」。確かに，太平洋戦争後の復興期以来，銀行による監視，株式の持ち合い，その結果としての潤沢な内部留保の下で，直接金融を経験することの乏しかった今日の経営者に，資本効率や資本コストの意識を急に高めろといっても無理があろう。これに加えて，「借金」という言葉にネガティブなイメージが強く，「無借金経営」が評価され，「設備投資は自己資金で行う」ことが優良企業の証とされる傾向は，わが国に特有でもある。さらに，成長期においては，売上高利益率にのみ目を向ける傾向も強かったはずである。

そこで，本章では取締役会の役割・責任の第一として，資本効率による，経営の監視・監督をあげておく。


## (2)　ステークホルダーの認識

第4章において，渋沢の「公益指向」を実現するためには，株式会社のステークホルダーを「公」に近づけることが必要であり，誰をステークホルダーと認めるか，あるいは，どのステークホルダーを重要視するかが，その会社の公益性に関わってくると述べた。特に「誰をステークホルダーと認知するか」は，株式会社の公益性を決する鍵であり，その意味で，ステークホルダーの認識が，経営の監視・監督と並んで，重要な役割・責任となる。

したがって，トヨタ自動車が示すように「株主やお客様をはじめ，取引先，地域社会，従業員等の各ステークホルダーと良好な関係を築く」ことをコーポレートガバナンス指針として開示するのであれば，次の具体的なステップとして，認知するステークホルダーをリスト化し，その「コミットメント」の状況まで認識できるようにしておく必要がある。フリーマンは，その著書『戦略的経営』の中で，次のようなステークホルダーの認識，分析のステッ

図6-2　株式会社Ａの「ステークホルダー・マップ」

プを例示しており，その第一歩が，図6-2に示す「ステークホルダー・マ
ップ[26)]」である。

　この「ステークホルダー・マップ」は，一般的なステークホルダーを明確
にしたに過ぎないが，フリーマンは，さらに分析を進める第二ステップとし
て，カテゴリー毎の具体的なステークホルダー名を明らかにしておく必要が
あるとする。表6-2がその実例である「ステークホルダー・チャート[27)]」に
なる。

　そして，最後に，表6-3に一部を示すような，ステークホルダーの「ス
テーク」を取り上げ分析した「ステーク分析表[28)]」を作成することで，ステー
クホルダーの認識が完了する。

　以上の3表は，現実をかなり簡略化したものであるが，取締役会は，こう
したステークホルダーの認識，分析を行った上で，「ステークホルダー指標」
などの数値化されたデータと向き合うことが理想であろう。

## 表6-2　株式会社Aの「ステークホルダー・チャート」

**所有者**

株主
債券保有者
従業員

**取引先**

メーカー #1
メーカー #2
メーカー #3
その他

**顧客**

顧客（セグメント #1）
顧客（セグメント #2）
その他

**従業員**

従業員（セグメント #1）
従業員（セグメント #2）
その他

**金融業界**

アナリスト
投資銀行 #1
普通銀行 #1

国民年金基金

**政府**

議会
裁判所
省庁

**消費者団体**

米国消費者協会
消費者組合
消費者会議
その他

**業界団体**

ビジネス・ラウンドテーブル
米国製造業者協会
取引先団体 #1
取引先団体 #2
その他

**政治団体**

政党 #1
政党 #2
市町村団体
市長会
その他

**労働組合**

労働組合 #1
労働組合 #2
その他
労働組合政治部門

**競合他社**

国内競合メーカー #1
国内競合メーカー #2
その他
海外競合メーカー #1
その他

## 表6-3　株式会社Aの「ステーク分析表」

**所有者**

会社の成長と利益
株価の安定と配当

**顧客（セグメント #1）**

多くの製品のユーザーである
製品改良に対する意見

**顧客（セグメント #1）**

一部の製品のユーザーである
他に候補がないだけ

**従業員**

仕事と安定雇用
年金に加入できる

**政治団体 #1 #2**

製品の安定ユーザーである
基準設定への影響力
全国レベルでメディアの注目
を集める

**消費者団体 #1**

高齢者の評価

**消費者団体 #2**

製品の安全性評価

### (3)　ステークホルダーの利害調整

　ステークホルダーを認知し，分析すれば，ステークホルダー間に利害の相克があることが明らかになるはずである。第5章の冒頭で，春闘の状況を尋ねてきた機関投資家を取り上げたが，一方で，自社株買いを行う会社に対し，「何故，そのキャッシュを賃上げに回さないのか」と問う労働組合があっても不思議ではない。[29] 株主と従業員というステークホルダーの間に付加価値の配分をめぐる利害の対立が存在しているからである。実際にステークホルダー同士が直接衝突することはまずないが，各ステークホルダーは，株式会社の生み出す付加価値という限られた資源の奪い合いをする宿命にあり，取締役会は各ステークホルダーの「コミットメント」の評価をすることで，この資源の配分を決めねばならない。その結果は「ステークホルダー指標」に表われ，評価の透明性はこうした数値による表現により担保されることになる。

　よって，春闘における賃金交渉，配当額の決定，納税額の見積もり，研究開発費の予算化，内部留保額の策定などは，ステークホルダー個々に行うのみではなく，「横並び」でも考える必要がある。また，経営環境に応じてステークホルダーの「コミットメント」評価に変化が生じれば，取締役会は「ステークホルダー指標」などを参照しつつ，状況に合った還元のバランスを維持しなければならない。

　フリーマンによるステークホルダーの定義，「会社の目標達成に影響を与え，また，それにより影響を受ける人・組織」は，理論上は有用なものであろう。しかしながら，時間に制約のある現場において，こうしたステークホルダーすべてと対話を行うのは不可能である。したがって，取締役会がどのステークホルダーを重視するかには，「ステークホルダーとは会社にコミットした者」というメイヤーの考え方が有効であろう。「コミットメント」の評価こそ，対話の相手を選ぶ基準となり得るはずである。

### (4)　ステークホルダー・エンゲージメント

　伊藤レポートは，「稼ぐ力」や資本生産性の向上の必要性のほかに，企業と投資家の「協創的な関係」を促進する「建設的な対話・エンゲージメン

ト」の重要性を強調している。私の接した機関投資家もこの「エンゲージメント」（Engagement）という言葉をよく使った。通常，わが国でエンゲージメントというと「婚約」という意味で使われるが，この場合のニュアンスは，「建設的な対話による『協創』の可能な関係」と理解すべきであろう。

わが国の株式会社においては，従業員との労使協議，取引先との製品の共同開発交渉などが，この「エンゲージメント」にあたると考えればよい。しかし，これまでに，株主や地域社会といったステークホルダーとの間に，同様な「エンゲージメント」は存在していたであろうか。立地する地域を管轄する行政府との対話，法律や基準を策定する立法府との対話，さらには，財界や業界の会合などにおける競合他社との意見交換なども，「ステークホルダー指向」，「公益指向」を奉じる会社であれば，考慮すべき「エンゲージメント」であるはずである。

すなわち，「会社は社会の公器である」ためには，取締役会による重要なステークホルダーとの「協創」関係を促進できる「ステークホルダー・エンゲージメント」が必須ということになる。


いくつかの名所を置き去りにして，長旅を終えたような気分ではあるが，以上で，本書の課題である「わが国の株式会社に相応しいコーポレートガバナンスとはどのようなものか」についての回答を終えることとする。

以上のプロセスと結論を最終章となる次章で整理し，本書を終えることとしたい。

注
1 ）　ホンダの歩み委員会『TOP TALKS 先見の知恵』本田技研工業株式会社，1974年，pp. 260-62。
2 ）　藤沢武夫『松明は自分の手で』PHP 研究所，2009年，p. 132。
3 ）　キャドバリー，エイドリアン『トップマネジメントのコーポレートガバナンス』日本コーポレート・ガバナンスフォーラム 英国コーポレート・ガバナンス研究会専門委員会訳，シュプリンガー・フェアラーク東京，2003年，p. 119。
4 ）　キャドバリー，エイドリアン『トップマネジメントのコーポレートガバナンス』日本コーポレート・ガバナンスフォーラム 英国コーポレート・ガバナンス研究会専門委

員会訳，シュプリンガー・フェアラーク東京，2003年，p. 21。

5） 2018年7月版を参考とした。小規模企業に対する例外規定は省いて表示した。

6） 第1章注8を参照のこと。

7） 「独立」であるとした理由は，年次報告書において説明される必要がある。

8） SEC（米国証券取引委員会）の「Code of Corporate Governance」はRecommendation 5.4において，会長とCEOは別の人物であるべきとしている。

9） キャドバリー，エイドリアン『トップマネジメントのコーポレートガバナンス』日本コーポレート・ガバナンスフォーラム 英国コーポレート・ガバナンス研究会専門委員会訳，シュプリンガー・フェアラーク東京，2003年，p. 126。

10） モンクス，ロバート．A. G.／ミノウ，ネル『コーポレート・ガバナンス』ビジネス・ブレイン太田昭和訳，生産性出版，1999年，及び，その原著である *Corporate Governance*, 5th Edition, Wiley, p. 304。

11） 『日本経済新聞』2019年6月1日付。

12） キャドバリー，エイドリアン『トップマネジメントのコーポレートガバナンス』日本コーポレート・ガバナンスフォーラム 英国コーポレート・ガバナンス研究会専門委員会訳，シュプリンガー・フェアラーク東京，2003年，p. 126。

13） 「現場から立てた課題」とは以下の4項目である。
　　1．機関投資家の評価（賛同である必要はない）を得られること
　　2．「株式会社が社会の公器」ことが反映されていること
　　3．「伊藤レポート」に関する課題に応えられていること
　　4．「内部留保はどれだけ必要か」の指標が示されていること

14） 会社法362条は取締役会設置会社に関し代表取締役の選定を義務付けており，本項の提案とは矛盾する。関連法改訂の必要性につきここで論ずることは避けるが，例えば，指名委員会等設置会社においては，取締役会と経営の分離が明確であり，代表執行役は存在しても代表取締役は存在しない。その意味で，指名委員会等設置会社は本提案の主旨に沿った形態であると言えよう。しかし，取締役会メンバーの人事権，評価権が「代表取締役社長」の権力の源泉となっているわが国の株式会社においては，指名委員会等設置会社への移行は難しく，日本取締役協会によれば，監査等委員会設置会社へ移行した会社数は513であるのに対し，指名委員会等設置会となった会社数は60に過ぎない。

15） 『日本経済新聞』2018年6月12日付。発言者は日本取締役協会会長の宮内義彦。

16） 『日本経済新聞』2019年1月18日付。発言者は会社役員育成機構（BDTI）代表理事ニコラス・ベネシュ。

17） ちなみに，米国のSECは3名，ないしは3分の1（33%）のうち高い方を独立取締役の割合として推奨している（SEC「Code of Corporate Governance」Recommendation 5.1）。わが国の株式会社にも「3分の1」以上を要望する意見もあるが，独立（社外）取締役の意義が理解されていない現状で，やみくもにボーダーラインをあげることは，独立取締役の濫造につながり，制度が形骸化する可能性が高くなるのではない

か。

18) キャドバリー，エイドリアン『トップマネジメントのコーポレートガバナンス』日
本コーポレート・ガバナンスフォーラム 英国コーポレート・ガバナンス研究会専門委
員会訳，シュプリンガー・フェアラーク東京，2003年，p. 62。

19) Financial Reporting Council, "The UK Corporate Governance Code", July 2018,
Principles B。

20) 「最善慣行規範」(4.1)には，社外取締役について「会社の活動により広い視野を取
り込める」との記述がある。1962年まで，プロとアマで構成されるイングランド代表の
クリケットチームのキャプテンはアマチュア出身でなければならないという暗黙のルー
ルさえ存在した。勝つことだけに拘らず，試合全体を見渡し，フェアプレイができてい
るかをチェックするという意味での習わしであろう。経営者と取締役会のあるべき関係
を示唆する事象として興味深い。

21) 渋沢は明治初年から「論語と算盤」という表現を用いていたわけではなく，むしろ，
実業界の第一線を引退した1910年前後から「論語と算盤」論を鼓吹し始めている。『論
語と算盤』が書物として刊行されるのは1916年である（見城悌治『渋沢栄一：道徳と経
済のあいだ』日本経済評論社，2008年，p. 195）。

22) 渋沢栄一『国富論』国書刊行会，2010年，pp. 50-51。

23) ドーア，ロナルド『誰のための会社にするか』岩波書店［岩波新書］，2006年，p.
56。

24) より厳密にはROIC（投下資本利益率）が望ましいが，ここでは数値が得やすく，
比較も容易なROA（総資本利益率）を取り上げる。

25) 「伊藤レポート」p. 44。経済産業省による2013年の調査「持続的な企業価値創造の
ためのIR/コミュニケーション戦略実施調査」の結果として，対象企業600社のうち，
資本コストを意識する企業が全体の約4割であったとしている。

26) Freeman, R. Edward, *Strategic Management*, Cambridge University Press, 2010,
p. 55。

27) Freeman, R. Edward, *Strategic Management*, Cambridge University Press, 2010,
p. 56。

28) Freeman, R. Edward, *Strategic Management*, Cambridge University Press, 2010,
p. 57。

29) 労働組合は会社間の「横並び」は意識するが，付加価値の配分については「横並び」
で考えるケースは稀である。しかし，世界最大級の機関投資家であるブラックロック会
長のラリー・フィンクでさえ「適切な人々を職場に引き付けるには，賃金の引き上げも
必要である」とのコメントをしている（『日本経済新聞』2017年12月20日付）。

# わが国の株式会社に相応しい
# コーポレートガバナンスとは？

　本書の課題は「わが国の株式会社に相応しいコーポレートガバナンスとはどのようなものか」であった。この課題への解となる提案を得るために，私自身が経験した株主との対話で得た次の4つのテーマをスタートに考察にあたった。

1. わが国の「コーポレートガバナンス」を海外の機関投資家はどう評価しているか
2. 海外の投資家に「会社は社会の公器」の真意が理解できるのか
3. 「伊藤レポート」をどう理解するか
4. 内部留保はどれだけ必要か

　提案を終えた今，再度全体をふり返り，提案を検証し，4つのテーマへの回答状況を考察してみたい。

## 1　ふり返り

### (1)　海外のコーポレートガバナンス
「私的所有権」の法的延長による，株主への責任としてのコーポレートガバナンス，すなわち「株主指向」によるコーポレートガバナンスは，17世紀後半，東インド会社におけるジョサイア・チャイルドの専横時代に綻びの片鱗が見え始めている。チャイルドという一人の人間に権限が集中し，その専

横による問題を制御できるシステムが存在しなかったのである。

　この綻びは，18世紀後半に始まる産業革命の時代を経て，株式会社が巨大化する中で，大企業において顕著となる。有限責任の株主数が主流となり，経営が専門化することで，株主は従前の「占有」者から「所有」するのみの存在となり，株式会社の運営は株主ではなく，専門性を持った経営者の「支配」に委ねられてしまったのである。株主は，株式から得る利益のみに関心を持ち，経営に特別な関心を示さず，こうした株主に，経営を監視・監督するコーポレートガバナンスの構築は任せようもない。

　株式会社における「所有」と「支配」の分離を見抜き，その状態を憂慮したのはバーリとミーンズである。彼らは，そうした状況に鑑み，その著書である『現代株式会社と私有財産』の最終部に，将来の株式会社が掲げうる理念として，「株主指向」に代わる「ステークホルダー指向」の基となる選択肢を提示した。株主の「所有」はそのままにしておいて，経営の責任対象を株主に限定せず，株式会社のステークホルダー全体へと広げるという考え方である。これは，巨大化した株式会社の社会的な影響力増大を考慮しての提案であった。

　バーリとミーンズが「ステークホルダー指向」を提案する部分の冒頭で引用したのは，ドイツのヴァルター・ラーテナウによる「社会機構としての株式会社」という考え方である。この主張こそわが国の「会社は社会の公器である」という考えの原型であろう。ただし，彼の考えには国家の再興という前提が存在しており，国民を利し社会福祉を充実させることで，株式会社を国家成長のエンジンにしようという希望があった。この点，『論語』をバックボーンとする「公益」実現のために株式会社制度が導入されたわが国の「会社は社会の公器である」を目指した考え方とは発想が異なる。


　ラーテナウが「社会機構としての株式会社」という考え方を紹介した1910年代後半のドイツ，そして，『現代株式会社と私有財産』が世に出た1930年代初頭の米国も，平時と呼べる経営環境にはなかった。ドイツは第一次世界大戦後の社会の復興期にあり，米国は「狂乱の20年代」のバブル期の反動が生

んだ恐慌期という経済思想や政策，そして株式会社のあり方が問われた変化の時代である。強力なリーダーシップを求められた経営者は，その「支配」力を駆使し会社を社会復興に貢献させようとの強い思いを抱く傾向にあった。特に米国の株式会社は，その後，1960年代をピークとする「支配」力を持った経営者主導による「ステークホルダー指向」全盛時代を迎えることになる。

しかし，経済が復興し時代が繁栄を謳歌し始める1970年代になると，経営者の関心は自社の成長，そして，自身の利益に向かい始めてしまう。こうして，経営者の強力なリーダーシップに支えられた60年代の「ステークホルダー指向」は，繁栄の時代の中で衰退していくのである。

そうした状況に鑑みてか，1980年代に入ると，再び，株式会社を社会機構として捉える考えがCSRという形となって見直されることになる。しかし，その一方で「ストック・オプション制度」が，米国を中心に普及するが，これは，「所有」者と「支配」者の利害を金銭上で一致させるという，「株主指向」の再興が想定されるものでもあった。ただし，この「ストック・オプション制度」は，本来の目的以上に，「経営規律」の崩壊を促す起爆剤となり，株式会社を「私益」の坩堝へと変えてしまう。その帰結が，2008年のいわゆる「リーマン・ショック」，すなわち，世界規模の金融危機の時代である。

欧米の株式会社は，再び，こうした事態への反省から，「権限の集中に誤りのないように，会社を導きコントロールするシステム」，すなわち，コーポレートガバナンスを見直すことになる。経営者に「自己規律」の発揚を促し，それが不可能となれば，「猫の首に鈴をつける」システムが以前にも増して必須となったのである。この動きの主導者が，大量に株式を保有することになった機関投資家であり，その影響がわが国に及んだことは言うまでもない。

## （2）　わが国のコーポレートガバナンス

わが国は，株式会社制度の導入が欧米に比して遅れたこともあり，コーポレートガバナンスに関わる歴史体験がより少ない。しかし，商業を中心としたビジネス倫理については，江戸時代を通じ深化を遂げていた。徳川幕府の統治政策である「賤商思想」の払拭のために，商人の倫理，つまりはビジネ

スパーソンの「自己規律」が求められたことはその証左であろう。武士に習い，ビジネスパーソンにも「自己規律」を強く求めた点はわが国ビジネス史の一特徴であろう。

　明治期に入ると，ビジネスに関わる様々な欧米のハードやソフトが紹介されるが，その一つが「合本思想」であった。その紹介者であった渋沢栄一は，これを資本の集約を要する事業に適した制度と捉える以上に，経営者の抱く「私益」「社益」を，多数社会の「公益」に繋げられる制度であると考えた。渋沢が信条とした『論語』の思想と，渡仏時に影響を受けたサン＝シモン主義の現実的帰結が彼の紹介した「合本制度」であり，わが国の株式会社制度の原型である。

　渋沢は株主を「多数社会」に結びついた「公」と考えていたようであるが，今日，株主を「公」と捉えるのは難しい。例えば，「私益」の権化ともいえるハゲタカファンドを「多数社会」の代表と理解している人はいまい。わが国の株式会社における「公」とは，株主のみではなく，従業員，顧客，取引先，債権者なども含めた存在であり，ステークホルダーに近似したものとされている。ただし，ステークホルダーをそのまま「公」とすることはできない。両者の間に，株式会社が「誰をステークホルダーと考えるか」という課題が介在するからである。すなわち，ステークホルダーをどのように認知するかに，その会社の公益性が関わってくる。

　渋沢の想いに沿うのであれば，「多数社会」と言える範囲をカバーできるステークホルダーを認知する必要があり，「会社は社会の公器である」もそうした認知のうえに立った言葉である。すなわち，わが国の株式会社に相応しいコーポレートガバナンスは，広範なステークホルダーに対する責任の下に構築されねばならない。

　欧米の「ステークホルダー指向」は，巨大化し，社会に対する絶大な影響力を持つに至った株式会社の将来を考えた末に生まれた姿である。一方，わが国の「ステークホルダー指向」は，「公」を意識した『論語』を原点に，これを株式会社に当てはめた「公益指向」を，「ステークホルダー指向」に重ね合わせた形としたものと言えるのではないか。

## (3) 「ステークホルダー指標」

　ステークホルダーに対する責任の下でのコーポレートガバナンスといっても，それが理念に終わるものであってはならない。その実現度合いを数字で表し，ステークホルダーとの対話をより建設的にする媒体が「ステークホルダー指標」である。

　ステークホルダーが「会社の目標達成に影響を与える，または，目標達成によって影響を与えられる，人・組織」であり，個々のステークホルダーには，株式会社に対する「コミットメント」，すなわち，契約がなくとも会社に資産を託すレベルに違いが存在する。「ステークホルダー指標」とは，ステークホルダー毎に異なる「コミットメント」をどう評価し，それに応じてどのように付加価値を還元したかを数値化したものである。

## (4) 取締役会のあり方

　この「ステークホルダー指標」の責任者，すなわち，「ステークホルダー指向」を担い，コーポレートガバナンスを構築し，機能させていく機関は取締役会にほかならない。

　そのためには，経営側との区別が曖昧になっている取締役会を経営から切り離し，経営の監視・監督を行う審議機関とすることで，「マネジメント・ボード」を「モニタリング・ボード」へと変貌させる必要がある。「ステークホルダーに対する責任として，経営の監視，監督を行う」という明確な役割・責任の下で，「権限の集中に誤りのないように，会社を導きコントロールするシステム」の構築を取締役会が担うことが必要なのである。

　そうした認識に立ち，本書では，わが国の株式会社における取締役会の構成，そして役割・責任についての提案を行った。次の10項目がその要点である。

① 取締役会の構成員は全員が平等である。
② 取締役会は業務執行取締役と非業務執行取締役で構成される。
③ 取締役会の過半数以上は非業務執行取締役とする。

④ 非業務執行取締役の過半数以上は会社から独立した人物（独立取締役）とする。

⑤ 会長は非業務執行取締役でなければならない。

⑥ 会長とCEOは別の人物が務める。

⑦ 両者を同一人物が兼ねる場合は，取締役会の過半数以上を非業務執行・独立取締役としなければならない。

⑧ 過半数が非業務執行・独立取締役により構成される監査委員会を設置しなければならない。

⑨ 過半数が非業務執行・独立取締役で構成される指名委員会，報酬委員会を設置することが望ましい。

⑩ 取締役会の職務を補助するため，取締役会に経営者の指揮命令に服さない専従のスタッフを置く。

## 2　課題は解決できたのか

最後に，冒頭にあげた4つの課題が解決できているか否かについて考察し，本書を終えることとしたい。

### (1)　「コーポレートガバナンス」に対する機関投資家の評価

わが国における大方のコーポレートガバナンスは経営者の「自己規律」に依拠したもので，システムが存在するとは言い難い。これが，機関投資家の批評の的であった。その上で経営者が「代表取締役社長」としての権限を保持している状況を鑑みれば，「権限の集中に誤りのないように，会社を導きコントロールするシステム」の存在が問われるのは当然のことであろう。

本書では，コーポレートガバナンスの構築を取締役会に託すこととし，そのための取締役会の構成や，「ステークホルダー指標」というツールの提案を行った。わが国の株式会社に相応しいコーポレートガバナンスは，渋沢栄一の「公益指向」に基づく「ステークホルダー指向」を基礎としたものであり，この「ステークホルダー指向」は欧米にルーツを持つ考えであることを

踏まえれば，本書の提案が，海外の機関投資家にも理解を得られるものであるはずである。

## (2) 「社会の公器」に対する機関投資家の理解

第1章で述べた通り，会社を「社会的な機構」とするか，株主の所有物と捉えるかは，株式会社の成長とともに，欧米の論壇に登った二大思潮である。したがって，株式会社を社会的な機構と捉えた「会社は社会の公器である」という考えを海外の機関投資家が理解できぬはずはない。ただし，株式会社制度が社会に強大な影響力を持った後に，株式会社を「社会的な機構」と考えた欧米に対し，わが国においては，「公益」を具現化するシステムとして導入されたものが株式会社制度であった。欧米とわが国において，株式会社を社会の一機構とする背景に違いがあることは，理解しておく必要があろう。

## (3) 「伊藤レポート」をどう理解するか

「伊藤レポート」の中で留意した点は，次の3項目である。

　①「自律」から「他律」主体の経営への転換
　② 営業利益率から資本利益率重視への転換
　③ 株主の平等性を認識し対話により株主との「協創」を図る

①「自律」から「他律」主体へ

本書で述べてきたように，英米においても取締役会議長をCEOが兼務することはあるが，推奨はされておらず，さらに，その場合には「権限の集中に誤りのないように」する対応策が設定されている。本書における提案にも，独立取締役を過半数とする対応策を含めた。ただし，本書の提案は，経営者の「自己規律」を否定するものではない。

江戸期以来，築かれてきたビジネスパーソンの倫理観，すなわち，「自己規律」の尊重は今後も重視されるべきであろう。取締役会による経営の監視・監督機能，すなわち，「他律」機能は，経営者の暴走を抑える以上に，

経営者の「自律」を促すものでなければならない。「権限の集中」が株式会社にとって必ずしもマイナスであるとは限らず，問題とすべきは，「自己規律」を失った経営者の「首に鈴を付ける」システムの欠如であるからである。

### ② 営業利益率から資本利益率重視へ

　この課題については，営業利益率を従前通り経営者の目標とし，資本利益率を取締役会の経営に対する監視・監督の指標と設定することで解決を図った。

　ただし，資本利益率の指標はROA（総資本利益率）であって，ROE（株主資本利益率）ではない。株式会社は総合的に自社のパフォーマンスを評価すべきであり，株主資本のみでなく，負債も含めた総合的な投下資本と利益との比較で，収益性を評価しなくてはならない。どの指標を目標とすべきかは，その会社の指針の根幹に関わるものであり，「ステークホルダー指向」を唱える株式会社であれば，株主利益中心のROE（株主資本利益率）偏重は避けるべきであろう。

### ③ 株主との「協創」

　ステークホルダーへの責任として，取締役会にコーポレートガバナンスの構築，さらに，その機能の発揮を期待するのであれば，「協創」のパートナーを株主に限定すべきではなく，これをステークホルダー全体へと広げる必要がある。従業員や取引先との「協創」が行われているように，国家や地域社会，経済界，業界との「協創」もあり得るはずである。

　どのステークホルダーと「協創」を図るかは，個々のステークホルダーの「コミットメント」に応じた選択が必要である。そして，その選択も，取締役会の役割・責任であることは言うまでもない。

### (4)　内部留保はどれだけ必要か

　「ステークホルダー指向」をコーポレートガバナンス指針に掲げる企業であれば，付加価値は出来る限りステークホルダーに還元すべきである。そう

してこそ，渋沢栄一の「（お金を）よく集めよく散じて社会を活発にし，したがって経済界の進歩を促すのは，有為の人の心掛けるべきこと」という主張が実現に向かうことになる。すなわち，付加価値を「散じて社会を活発にし」，「経済界の進歩を促す」こともステークホルダーに対する責任の一つなのである。

　その前提に立って，本書では，株主資本の活用傾向と株主資本中の現金性資産の割合についてのレベルの考察を行い，内部留保が有効に活用されているか否かの分析を試みた。結論は，時の政策や「内部留保の増加＝キャッシュの溜め込み」といった誤解に踊らされることなく，本書で示したような分析を行った上で自社の方針を整理し，ステークホルダーとの対話に臨むべきであるということになる。

　以上が，私の課題に対する答案になるのだが，内容に対する自信となると，これを自身で実践してみないと答えを出しようもない。そうした機会がいずれ到来することを念じて本書を終えることとしたい。

# あ と が き

　論文や著作を仕上げる段になると，「あとがき」をどう書くかで頭を悩ませることが多いのだが，本書について言うと，アイデアだけは浮かんでいた。というわけで，そのアイデアが膨らむ現場近くでこの「あとがき」を書いている。

　現場といっても，本書に何度も登場した株主との対話の場ではない。東京は霞ヶ関一丁目にある桜田門に近いコーヒーハウスである。「なぜそれが現場なのか」と思われる方がいるかもしれないが，ここは1860年に桜田門外の変が起きた場所である。歴史に興味をお持ちの方ならご存知であろうが，この年の桃の節句の日，雪の降った朝に大老であった井伊直弼がここで殺害されている。

　徳川幕府というのは「ポリティカルガバナンス」に配慮のあった政権で，要職には必ず複数の「長」を置き，特定の人物に権力の集中を避ける賢明さを持っていた。江戸の治安担当にあたる町奉行は一人ではなく，南町，北町の二人制としていたし，政権の中枢である老中にしても複数をその任に置き，定常業務は月番制，重要事項は合議の上で意思決定をしている。将軍という独裁の可能な存在はあったが，創業期などを除き君臨するのみの存在であり，実務は老中以下が執行している。権力が特定の人物に集中することを避けるシステムが存在しており，その弊害を知る知見に溢れた統治手法であった。本書のテーマであるコーポレートガバナンスにも通じるパワーバランス感覚である。

　桜田門に話を戻そう。そんな徳川期にあって，井伊直弼は権力の集中を許された大老という職にあった。大老は老中の上に置かれる非常職であり，ただ一人の存在である。徳川幕府300年の歴史の中でも，大老は13名しかいない。非常職であるだけに，将軍を除くなら，その権力に対抗できる牽制機能は存在せず，したがって，独裁者となりうる。当時，将軍は直弼が担ぎ上げ

たといわれる家茂であり，就任時の年齢は13歳であった。当然，大老をコントロールできる存在ではない。

　直弼の大老就任は，将軍の後継問題や，開国か鎖国かで紛糾した国論を統一するための非常措置であった。文武共に優れた彼は，決して凡庸な人物ではない。私心なく自律心も豊富に備わってはいた。しかし，彼にとっての「公」とは徳川幕府であり，それ以外に「公」がなかった。後世は直弼の「国家観」の欠如を非難するが，譜代の家臣である井伊家が徳川家への忠誠を第一に考えることにまったく問題はない。憂慮すべきは，直弼の手法は黒白が明確に過ぎ，反対派を秋霜の如く弾圧したことであろう。いわゆる「安政の大獄」である。

　弾圧の対象は，家茂の将軍就任に反対した勢力，開国に反対したいわゆる攘夷派であり，対象は公卿，大名も含め100名以上にものぼった。安倍首相が尊敬する吉田松陰もこの政策の下で刑殺されている。権力が一人の人間に集中し，その権力に対する制御機能が存在しない場合，権力者に私心がなくても，否，私心がない分だけ，その政策は強引なものとなる。「安政の大獄」はその典型であろう。

　そうなると，権力の暴走（反対派から見ればの話だが）を阻止するのは難しい。当該組織がその内部に制御機能を欠いているなら，独裁者を除去することが唯一の手段となる。暗殺は最低の政治手段には違いないが，次々と仲間が刑殺されるのを目にした反対勢力にすれば，選択肢は直弼を殺害することしかなかったのではないか。

　襲撃したグループは水戸の脱藩者を主体に薩摩の脱藩者1名が加わった16名。多くは闘死かその場で自死，さらには，事後に刑殺された。直弼の護衛に任じた側では，直弼を含め9名が闘死，負傷者も9名である。さらに，負傷者中，重傷者は幽閉，軽症者は切腹，さらに，無傷の者は敵前逃亡と見なされ斬首された。凄まじいと言うしかないが，権力の集中が生み出す弊害の事例として「桜田門外の変」は，その典型でもある。

　「はじめに」で「私たちは会社を知らない」などと書いたが，株式会社における権力の集中と，それに対する牽制機能の不備が引き起こす問題事例は

古今東西枚挙に暇がない。しかし，社員一人ひとりが株式会社というものを知り，権力の「ゆがみ」を察知できていたなら，何らかの事前措置がとれないだろうか。社内にパワー・ハラスメントが横行し，反対意見を述べる社員は次々に左遷されるような状況，すなわち「安政の大獄」ならぬ「令和の大獄」が行われていると感じたなら，あなたの会社のコーポレートガバナンスに何らかの問題があると考えて間違いない。当節，「桜田門外の変」の如き暗殺事件などありようもないが，株式会社におけるコーポレートガバナンスの欠如は，得てして負の遺産を生んでしまうはずである。

　すなわち，「権力の集中が弊害とならぬように，会社を導きコントロールするシステム」を欠いてしまっては，会社の将来が安泰と言えるはずもない。「代表取締役」という職権には，徳川幕府の「大老」級の権力が伴うこともあり，井伊直弼同様，わが国の経営者にも私心が少ないだけに，自身の方針を強烈に推し進める可能性も高いのである。

　折角のコーヒーが苦くなってしまいそうな話だが，徳川期の大老13名のうち2名が現職のまま殺害されている。決して低い数字とは言えまい。権力の集中は，時として組織に飛躍のチャンスを与えもするが，「安政の大獄」を醸成する土壌ともなる。コーポレートガバナンスは，海外から降って湧いた災いではなく，古今東西，組織にある者が，ただ一人の例外なく意識することが必要な普遍の課題であるはずである。

　桜田門とコーポレートガバナンスとは，思いもかけぬ結びつきであったかもしれない。しかし，コーポレートガバナンスが我々の身近に存在する普遍の課題であるということを述べたく，このような「あとがき」を書かせて頂いた。読者諸氏の考えるヒントとなれば幸いである。

# 謝　　辞

　本書の構想を始めてから，今日の擱筆に至るまでに 5 年近い月日を費やしたように思う。実際の執筆に取り掛かってからの 2 年近くは，専修大学におられた宮本光晴先生より貴重なご指導を賜った。特に，論点の主軸を成した渋沢栄一の理念や，バーリとミーンズの主張，コリン・メイヤーの「コミットメント」についての考察は，まさに先生のご指導の賜物であり，そのほかの数多くのアドバイスも含め，宮本先生の一言は，私にとって常に「発想の源泉」であった。ご多忙の折に，快くご指導を頂いた先生には深く感謝したい。また，私を専修大学大学院の経済学研究科に迎えて頂き，宮本先生をご紹介下さった前経済学研究科長，徳田賢二先生にも心より感謝を申し上げる次第である。

　ビジネスの現場では，まず，私が在籍した本田技研工業（株）の皆様には，株主との対話における現場対応に関し多くの示唆を頂いた。「社会に存在を期待される企業」であろうと努力を続けられる同社社員の皆様の姿勢が，本書を執筆するきっかけとなったことは紛れもなく，自由闊達な Honda を職場にできたことは私にとって望外の幸福であり，席を同じくした皆様に心から感謝したい。

　また，わが国の企業が抱えるコーポレートガバナンスの問題，その重要性，さらには，それらへの対応として機関投資家との対話を進めるにあたり，アイ・アール・ジャパン（株）の皆様が素晴らしい現場を提供して下さった。同社の方々の持つ知見から得たヒントは枚挙にいとまがなく，深く感謝する次第である。

　さらに，私が対話を行った機関投資家や議決権アドバイザーの社名を掲載させて頂くことで，彼らへの感謝を表したいと思う。本文中に引用した「対話」はどれも，彼らとの対話の議事録から引用したものである。

（機関投資家）

Fidelity Investments

State Street Corporation

MFS Investment Management

TIAA-CREF

Capital Research and Management Company

Artisan Partners

Dodge & Cox Funds

Walter Scott & Partners

Standard Life Investments

Universities Superannuation Scheme

RPMI Limited

Legal & General Investment Management

Hermes Fund Managers

The California Public Employees Retirement System

BNY Mellon Asset Management

Wellington Management Company

The Vanguard Group

Aberdeen Asset Management

AllianceBernstein

British Air Pension

Silchester International Investors

（議決権アドバイザー）

Glass Lewis

International Shareholder Service

最後になるが，本文の編集，構成にあたっては，晃洋書房の阪口幸祐氏よりご助力を頂いた。ここに感謝を述べさせて頂きたい。願わくは，コーポレートガバナンスの不備によりわが国の会社において，「桜田門外の変」や「安政の大獄」が起こらぬことを心から願って，筆を置くこととする。


　2019年11月
　　桜田門外のコーヒーショップにて

　　　　　　　　　　　　　　　　　　　　青 木 高 夫

# 索　　引

《著者紹介》

青木 高夫（あおき たかお）

1956年 東京生まれ。青山学院大学卒。本田技研工業（株）にて海外勤務の後，渉外部長，総務部長，社長付を務め，現在，ファナック（株）顧問。海外では販社開発，国内ではルールメイキング，リスクマネジメント，インヴェスターリレーションを担当。経産省，経団連などで専門課題の委員を務め，アカデミックの分野では，専修大学大学院（経済学研究科）で教鞭を取っている。著書に『なぜ欧米人は平気でルールを変えるのか』『日本国憲法はどう生まれたか』（ともにディスカバー・トゥエンティワン）『白洲次郎に学ぶビジネスの教科書』（講談社），翻訳書に『No Baggage』（秀和システム）『仕事に追われない仕事術』『想定外』（ともにディスカバー・トゥエンティワン）など多数。

株主指向か 公益指向か
——日本型コーポレートガバナンスを求めて——

2020年1月20日 初版第1刷発行    ＊定価はカバーに
　　　　　　　　　　　　　　　　　　表示してあります

著　者　青　木　高　夫ⓒ

発行者　植　田　　　実

印刷者　江　戸　孝　典

発行所　株式会社　晃　洋　書　房

〒615-0026　京都市右京区西院北矢掛町7番地
電話　075（312）0788番代
振替口座　01040-6-32280

装丁　浦谷さおり　　　印刷・製本　共同印刷工業㈱
ISBN978-4-7710-3270-5